Méfaits de surprise

À mes parents, Pascale et Roland.

Ce premier texte, qui est un mini jeu de rôle, je le dédie à tous les élèves des écoles d'Aubervilliers qui ont travaillé avec moi sur ce sujet. Inventer un personnage, créer un problème qu'il va devoir essayer de résoudre et développer toutes les suites possibles en fonction des choix qu'il pourrait faire afin que le lecteur ait plusieurs histoires en une seule. A force de lire et de relire des paragraphes écrits par des enfants scolarisés entre le CE2 et le CM2, j'ai découvert à quel point nombreux étaient celles et ceux qui inventaient, avec beaucoup d'ingéniosité, un destin cruel au héros. Cela m'a donné l'idée d'une histoire dont le personnage principal serait plutôt insupportable et dans la peau duquel on se glisserait avec délectation pour le conduire à sa perte.

Histoire dont vous êtes le zéro

Il s'agit d'un jeu dont vous êtes le zéro ou l'antihéros.

Si vous êtes un homme :

Comme tous les gens bien, tout vous réussit dans la vie ; vous êtes beau, riche et intelligent, tous vos amis ont de l'admiration pour vous et vous aspirez à un destin plus modeste. Une carrière de looser vous ferait plaisir ? Voici l'aventure qui vous permettra de rêver à des journées pourries et qui vous inventera un destin cruel voire funeste.

Si vous êtes une femme :

Comme tous les gens bien, tout vous réussit dans la vie ; vous êtes belle, riche et intelligente, toutes vos amies sont folles de votre façon de vous habiller, de parler, de bouger. Vous rêvez de vous travestir et de devenir un sale type, un affreux personnage que vous pourrez manipuler comme une marionnette pour lui faire faire n'importe quoi. Cette histoire est pour vous !

Ce jeu est très simple ; il se joue avec un dé à six faces et, de façon générale, votre personnage aura plus ou moins à y perdre selon les décisions que vous prendrez. Si vous n'aviez toutefois pas de dé sous la main, tirez à pile ou face.

Etape 1 : Création du personnage

Renseignez soigneusement la fiche de la page suivante. Soyons honnêtes : elle ne vous servira à rien dans le jeu puisque, quelles que soient les informations que vous pourrez noter, le personnage que vous allez incarner restera soumis aux caprices de l'imagination malfaisante de l'auteur. Cependant, ce petit moment que vous lui accorderez vous permettra de mieux vous l'approprier. De votre investissement lors de cette phase dépendra la catharsis atteinte grâce à celui dont vous allez tour à tour prendre puis perdre le contrôle. Alors, faites-vous plaisir…

Nom	
Prénom	
Age	
Profession	
Nationalité	
Activité favorite	
Couleur préférée	
Pointure	
Régime alimentaire	
Rythme	OUI - NON - ou .... (un nombre indiquant des battements par minute)
Antécédents	

Etape 2 : les compétences.

Ce sont vos capacités, les domaines dans lesquels vous avez des aptitudes. Ne notez rien à ce niveau car vous gagnerez des points au cours du jeu. En les lisant, vous commencerez sans doute à percevoir dans quelle direction cette lecture va vous conduire. Pas forcément celle du bon goût et de la délicatesse, mais celle de l'humour, toujours !

Avarice : ………………………………….

Bouderie : ………………………………

Fainéantise : …………………………..

Goujaterie : ……………………………

Mauvaise foi : …………………………...

Etape 3 : Les règles du jeu.

Pour jouer, mettez-vous à la place du héros. A la fin de chaque paragraphe, vous pourrez (en général) choisir entre plusieurs actions. Chaque choix sera associé à un numéro vous indiquant le numéro du paragraphe correspondant.

Pour gagner il suffit de perdre et pour cela, de nombreuses possibilités s'offrent à vous : une mort rapide ou une lente descente aux enfers. Pour une mort rapide, choisissez systématiquement les propositions qui vous semblent les plus mauvaises pour votre personnage et vous irez droit à la catastrophe. Pour la version lente et cauchemardesque, tentez d'obtenir dix points dans l'une des compétences citées précédemment. Lorsque l'aventure s'arrête, vous pouvez la recommencer du début et cumuler les points obtenus dans certains paragraphes lors des lectures précédentes.

Situation familiale : jetez le dé.

Vivez-vous avec quelqu'un ? Pair : oui ; impair : non.

Avez-vous des enfants ? Pair : non ; impair : oui et dans ce cas jetez une (ou plusieurs fois si vous aimez les familles très nombreuses) le dé pour savoir combien tout en sachant qu'un seul interviendra : celui qui est le moins beau, le plus maladroit, le moins malin, bref, la guigne.

La situation se complique : voyons voir si vous avez des enfants et pas de compagne. Lancez à nouveau le dé. Pair : vous êtes veuf ; impair : juste séparé.

Etape 4 : Juste une formalité ; quelques lignes de plus pour ajouter du texte. Même pas pour une information intéressante, encore moins pour parler de la pluie et du beau temps… Juste un paragraphe de plus pour meubler et complaire ainsi à l'éditeur qui, il faut bien le reconnaître, privilégie la quantité au détriment de la qualité.

Et maintenant, passez au début de l'aventure !

Le début de l'aventure :

Tout a commencé pour vous le 13 février. C'était un vendredi. Comme plusieurs millions d'imbéciles, vous avez joué à la super loterie vos numéros fétiches. Le soir, après un long apéritif, vous êtes bien installé devant votre téléviseur. Un couple de présentateurs annonce les résultats…

Si vous pensez avoir gagné, allez au 1.

Si vous pensez le contraire, allez au 2.

1

Vous n'en croyez pas vos yeux : « Non de dieu ! » éructez-vous en bondissant (dans la mesure où un être de votre corpulence peut bondir : eh oui, les apéros…).

Si vous avez une compagne allez au 3.

Sinon allez au 4.

2

Vous lâchez un pet tonitruant de dépit et buvez un coup pour atténuer votre déception. Si vous pouviez voir votre tête, vous marqueriez 10 points mais comme ni vous ni personne ne le peut puisque vous êtes seul, vous n'obtenez que 2 points en bouderie ce qui n'est déjà pas si mal.

Si vous avez une compagne, allez au 5.

Sinon allez au 6.

3

« Qu'est-ce y s'passe chéri ? On a gagné ? » Il vous faut réagir vite ; votre moitié vous a entendu et se dirige maintenant vers le salon. Qu'allez-vous répondre ?

« Mais non, putain, j'ai renversé ma bière et puis voilà !» rendez-vous au 7.

« Ouêêê, c'est géniaaal ! On a gagné bordel ! T'entends ça, on a gagné ! », rendez-vous au 8.

4

C'est extraordinaire ; et pourtant vous saviez qu'un jour, cela allait arriver. Vous êtes sous le choc mais suffisamment lucide pour ouvrir le placard et sortir votre meilleur cru: un cubi de minervois. Quoique…

« On va fêter ça dignement !» couinez-vous en vous précipitant dans la cuisine. Pour savoir si vous avez fait la vaisselle depuis moins d'une semaine, lancez le dé. Un 6 signifie OUI et rendez-vous au 9. Tout autre résultat signifie NON et rendez-vous au 10.

5

« Oui chéri, qu'est-ce que tu veux ? » Manifestement, votre moitié a mal interprété le sens du vent. Vexé qu'elle ait pu confondre votre voix avec une flatulence, vous choisissez de ne pas lui répondre. Bravo, vous marquez deux points d'expérience en bouderie.

Si vous avez des enfants, allez en 11.

Sinon allez en 12.

6

L'odeur familière de votre pet vous rassure un instant mais très vite, vous vous sentez à nouveau seul. Si vous avez des enfants, allez en 13.

Sinon, allez en 14.

7

Félicitation, vous marquez deux points en mauvaise foi ! Mais la satisfaction du devoir accompli est de courte durée. Au moment où votre cerveau commence à entrer en ébullition, où mille plans s'échafaudent d'eux-mêmes,

« C'est toujours la même chose. De toute façon, c'est toujours les autres qui gagnent. Tu te souviens, la dernière fois… » Manifestement, l'amour de votre vie souhaite vous faire part de ses états d'âme. Qu'allez-vous faire ? Monter le son de la télé pour pouvoir vous concentrer, allez en 15.

Eteindre la télé et foncer dans votre atelier c'est-à-dire à la cave et dans ce cas allez en 16.

8

Tandis que vous vous précipitez en hurlant dans la cuisine pour débusquer le nectar réservé aux grands jours, votre femme glapit et court vers le salon en criant : « Mon téléphone, où est mon téléphone ?? »

Si vous avez des enfants, c'est le moment d'aller en 17.

Sinon rendez-vous en 18.

9

Quelle veine, votre cuisine est partiellement propre. Mis à part la vaisselle sale qui remplit l'évier (vous n'avez pas voulu réparer votre lave vaisselle, gagnez 2 points en avarice) et la poubelle qui déborde (ajoutez un point en fainéantise). Comme frappé par la foudre, vous vous dites soudain que vous serez mieux pour arroser ça au bar du coin où vous avez vos habitudes lorsqu'un de vos amis vous y invite pour vous offrir un verre (gagnez un autre point en avarice, quel talent !). Allez en 30.

10

Vous entrez en sprintant dans votre cuisine mais vous aviez oublié un détail : le sol est couvert de détritus divers et avariés que vous n'avez pas pris la peine de ramasser depuis plus d'un mois. Inscrivez un point en fainéantise. C'est donc assez logiquement que votre pied prend appuie sur un emballage de burger couvert de graisse, vous entrainant dans une chute aussi monstrueuse que ridicule. Vous criez : « Yuullllll ! » Allez en 19.

11

A en juger par la cavalcade qui provient de l'étage, votre progéniture semble avoir entendu l'embryon de discussion amorcé avec votre femme et souhaite participer au débat. Vous préférez déguerpir. Où vous rendez-vous ?

Pour aller dans votre sanctuaire ; l'atelier que vous vous êtes aménagé à la cave, allez en 20.

Si vous préférez sortir pour aller au bar du coin, allez en 21.

12

« Chéri, pourquoi ne me réponds-tu pas ? Chéri ? Chéri, ça va ? » Soudain votre femme fait irruption dans le salon. A en juger par sa mine contrite, il semblerait qu'une explication soit à envisager mais vous n'êtes pas d'humeur. Allez en 22.

13

Une porte vient de s'ouvrir à l'étage. Quelques marches grincent en haut de l'escalier et vous voyez apparaître la tête de votre rejeton préféré entre les barreaux de la rampe.

— Qu'est-ce que tu veux encore Bryan, éructez-vous.

— J'arrive pas à dormir papa.

— Eh bien rallume ta télé…

— Elle marche pu.

Vous vous souvenez alors que vous n'avez pas voulu la remplacer ; notez un point en avarice et allez en 23.

14

Vous regrettez de n'avoir personne avec qui partager ce moment difficile. Une noirceur, si désespérante que les verres d'alcool que vous ingérez ne parviennent pas à l'atténuer, envahit votre esprit. Vous pensez alors à cette corde qui traîne dans votre cave. Une possibilité inouïe de gagner très rapidement s'offre à vous.

Si vous décidez d'abréger la partie en allant chercher la corde, allez en 24.

Si vous avez la flemme de vous pendre, allez en 25.

15

Vous montez le son presque à fond pour ne plus entendre votre femme ; et ce geste vous rapporte 2 points de goujaterie.

« ...voilà, l'ordinateur va nous le dire...et le grand gagnant habite : Aubervilliers ! 35 millions d'euros ! C'est une sacrée somme Juliette !

— Oui Serge, et savez-vous comment on appelle les habitants d'Aubervilliers Serge ?

— Tout à fait, ce sont... »

Vous baissez le son trop tôt pour entendre la réponse et trop tard pour que votre épouse n'ait rien entendu. Car, comme vous, elle ne peut ignorer que vous êtes des albertivillariens. C'est-à-dire que vous habitez Aubervilliers !

Allez en 26.

16

Sans même vous donner la peine d'éteindre le poste (un demi-point de fainéantise, c'est classique), vous vous précipitez vers la porte de la cave. Vous entendez derrière vous avec satisfaction votre femme poursuivre son monologue. Haletant et le cerveau en marche forcée pour trouver un moyen de vous séparer d'elle sans être obligé tout partager, vous vous engagez dans l'escalier qui mène à votre repaire.

Vous n'avez pas changé l'ampoule qui éclaire cet escalier depuis plusieurs semaines (ajoutez 2,5 en fainéantise et 0,5 en avarice ; les nouvelles générations d'ampoules commencent à douiller !) mais ce n'est pas ça qui vous fait tomber. Allez en 27.

17

Le bruit que vous faites a attiré Bryan. Il a eu très peur et a besoin d'être rassuré. Qu'allez-vous faire ?

Souhaitez-vous jouer au bon père de famille et lui expliquer calmement ce qui s'est passé afin de le rassurer ? Dans ce cas allez en 28, ou préférez-vous l'expédier dans sa chambre pour être plus tranquille et faire la fête ? Allez alors en 29.

18

Pendant que votre femme farfouille dans son sac à la recherche de son portable, vous avez eu le temps de mettre la main sur la bouteille de mousseux pas frais qui attendait le prochain anniversaire quelconque dans l'étagère, de la dégoupiller et de boire au goulot (plus un en goujaterie) une bonne rasade.

Si vous commencez à regretter d'en avoir parlé à votre épouse, allez en 31.

Sinon allez en 32.

19

Votre chute vous a permis de fracasser quelque chose de très dure à l'aide de votre crâne et vous n'arrivez plus à bouger. Ce n'est pas mal mais un affreux gargouillis vous informe que votre ventre fonctionne toujours et donc que vous êtes encore vivant. Si vous avez des enfants, allez en 33.

Dans le cas contraire, allez en 34.

20

Sans même éteindre le poste de télévision alors que vous n'aviez qu'à appuyer sur un bouton (bien joué, un demi- point de fainéantise), vous vous dirigez vers la porte de la cave. Vous entendez derrière vous, avec satisfaction, Bryan se faire houspiller par votre femme car à cette heure il devrait dormir même qu'à son âge elle était toujours au lit à huit heures et vous vous engagez dans l'escalier qui mène à votre repaire.

Vous n'avez pas changé l'ampoule qui éclaire cet escalier depuis plusieurs semaines (ajoutez 2,5 en fainéantise et 0,5 en avarice ; les nouvelles générations d'ampoules commencent à douiller !). Puis vous enjambez l'aspirateur que votre femme vous avait demandé de ranger ce matin et vous descendez sans lui (bravo, ajoutez un point en fainéantise) les douze marches qui vous conduisent à la cave. Allez en 35.

21

Vous enfilez votre pardessus crasseux et vous sortez de la maison. Au moment où vous franchissez la porte, votre femme crie : « Où vas-tu ? J'espère que tu ne vas pas voir tes copains chez Nono car tu… » Vous n'entendez pas la suite car vous venez de claquer la porte ; ajoutez deux points en goujaterie.

Le cœur léger, vous avancez dans la rue. Vous vous permettez même un petit sifflotement en mettant vos mains dans vos poches et vous pensez à… vos clefs de maison ! Merde, elles sont restées sur la console dans l'entrée.

Si vous faites demi-tour pour aller les chercher, allez en 36.

Si vous vous dites que de toute façon un membre de votre famille finira bien par ouvrir un œil puis la porte suite aux coups répétés que vous lui assènerez, prenez deux autres points de goujaterie et allez en 37.

22

Si vous voulez la renvoyer sèchement balader, allez en 38.

S'il vous paraît plus approprié d'aller faire un tour chez Nono, ce bar où vous avez vos habitudes, en croisant les doigts pour qu'il y ait quelqu'un pour vous offrir un verre, allez en 39.

Et si vous préférez battre en retraite dans votre jardin secret, c'est-à-dire l'atelier que vous vous êtes aménagé à la cave, allez en 40.

23

« Tu pourrais lire, ça ne te ferait pas de mal vu ton niveau en orthographe »lancez-vous alors qu'il n'y a aucun livre à la maison (plus un en mauvaise foi) et que Bryan est largement meilleur que vous en dictée (cette saillie mérite même du coup un point de plus pour votre mauvaise foi absolue).

« Bon, tu n'as qu'à t'installer dans le canapé (cette flemme pour batailler vous rapporte un point en fainéantise), je vais aller faire un tour dans le quartier pour me dégourdir les pattes » (Au lieu de « Je vais essayer d'aller me faire rincer chez Nono » et ceci vous rapporte encore un point de mauvaise foi) Allez en 41.

24

Vous faites cela bien ; la corde bien tendue qui passe au dessus de la poutre apparente du salon est attachée au radiateur en fonte sous la fenêtre. Le nœud coulant parfait. Vous grimpez sur votre canapé et, déterminé, vous vous élancez pour ce qui sera votre dernier saut (comme l'avant dernier date du collège et que vous vous êtes peu entrainé depuis, il est assez inesthétique mais vous vous en foutez !). Le problème, ce n'est pas la corde. Ce ne sont pas non plus la poutre ou le radiateur, qui sont solides.

Non, le problème, c'est votre poids et le fait qu'il y a quinze ans, vous ayez préféré installer vous-même le chauffage afin de réaliser des économies, radin que vous êtes ! (Et plus 2 points en avarice !) Et le travail fut bâclé, fainéant que vous êtes aussi. C'est donc dans un horrible grincement que le radiateur s'arrache du mur et se laisse traîner dans le salon emportant la tuyauterie dans son sillage. Vous ne devez votre salut qu'à votre table basse dont vous brisez la partie vitrée en chutant lamentablement dessus. Une chance qu'un morceau très coupant vous tranche une artère importante car vous étiez mal barré.

Mais finalement, la vie est bien faite et vous perdez la vôtre ! Félicitations.

25

Quel talent, cet acte d'absence de courage vous permet de marquer 4 points en fainéantise. Qu'allez-vous faire maintenant ? Tenter la victoire aux points en décrétant que vous avez même la flemme de bouger ne serait-ce qu'un cil, allez en 42 OU vous jeter dans l'inconnu en sortant pour aller vous en jeter un petit chez Nono, votre bar préféré ; allez en ce cas en 41.

26

« C'est chez nous, c'est chez nous ! » se met-elle à braire. Avant même que vous n'ayez eu le temps de dire « Glll », elle est déjà dans le canapé : « Mais pourquoi tu as baissé ? Elle est où la télécommande ? » Puis elle vous demande de lui passer la grille avec les numéros cochés afin qu'elle vérifie par elle-même car enfin on ne sait jamais tu imagines si c'était nous... Qu'allez-vous faire ?

Tenter de lui faire la gueule en faisant mine d'être vexé qu'elle puisse penser que vous n'êtes pas capable de vérifier vous-même, allez en 43.

Lui dire de fouiller votre manteau afin de gagner quelques secondes pour mieux réfléchir, allez en 44.

27

Non, vous connaissez trop cet escalier par cœur pour y trébucher. Ce qui vous fait tomber, c'est l'aspirateur que vous y aviez laissé sur la première marche ce matin après que votre femme vous eut demandé de l'aider, pour une fois qu'elle vous demandait quelque chose, et encore seulement de le descendre à la cave puisque monsieur n'avait pas trouvé le temps, en six semaines, de changer cette ampoule, et que même que quand sa mère viendrait c'est elle, à soixante quinze ans qui finirait…

Vos souvenirs stoppent à ce moment car votre corps s'arrête de rouler brutalement contre le mur qui fait face aux douze marches de cet escalier abrupt. Allez en 45

28

Vous lui parlez gentiment et votre enfant se calme. Cette histoire vous a transformé et vous commencez même à vous considérer comme un bon père. Vous allez sans aucun doute tout faire pour que votre famille profite au mieux de cette bonne fortune. Que vous ayez vraiment gagné ou pas, ce jeu n'est manifestement pas fait pour une âme aussi sensible et généreuse que la vôtre. Votre personnage va continuer à vivre heureux. Vous avez perdu !

29

Vous gueulez : « Bryan tu vas tout de suite te coucher et je ne veux plus t'entendre !

— Mais pourquoi maman est si contente, qu'est-ce qui s'passe ?

— Va au lit tout de suite !

Comme votre femme est devenue hystérique et que vous n'êtes pas obéi immédiatement, vous vous énervez plus que de raison et toutes ces émotions contrarient votre cœur fragilisé par des années d'excès. L'infarctus vous fauche en quelques minutes et vous ne saurez jamais si vous aviez réellement les bons numéros. Heureusement que votre personnage est mort car je commençais à avoir peur que vous ne soyez déçu. Félicitations.

Vous mettez votre manteau et vous sortez de chez vous, le billet de loterie soigneusement plié dans votre portefeuille. Les rues sont sombres car une partie de l'éclairage public ne fonctionne pas. Vous n'avez qu'une cinquantaine de mètres à faire pour arriver devant « Chez Nono », mais vous vous rendez compte avec angoisse qu'un groupe de jeunes, en train de discuter, se trouve sur votre itinéraire. Au fur et à mesure que vous approchez d'eux, votre pouls s'accélère et lorsque vous arrivez à leur niveau, ils se taisent soudain et vous avez l'impression qu'ils vont entendre les battements qui résonnent dans votre poitrine. Comme vous les dépassez, vous commencez à vous détendre quand l'un d'eux vous interpelle : « Eh, m'sieur... » Comment allez-vous réagir ?

Vous faites semblant de ne pas avoir entendu ? Allez en 46.

Vous vous retournez, prêt à toute éventualité ? Allez en 47.

Vous regardez votre épouse qui est en train de composer un numéro, sûrement celui de sa mère, et vous sentez monter le doute, qui s'en va faire un tour pour être remplacé sur le champ par l'angoisse.

Heureusement, vous ne manquez pas de ressources. « Attends chéri, lui criez-vous. » Trop tard, elle vient de commencer à parler ; ou plutôt à crier : « On a gagnéééééééééééééé ! Tu entends ? » Vous vous précipitez sur elle et vous lui arrachez le téléphone. Comme vous lui arrachez aussi dans la lancée des petits bouts de sa main, de son oreille et même quelques cheveux en prime (Félicitations, ajoutez 4 points en goujaterie) elle se retourne vers vous avec l'air de vouloir en découdre.

Vous décidez de calmer le jeu : « Ecoute chéri, nous devons garder notre calme. Tout ce fric, ça va faire des envieux et toute la famille va vouloir nous taxer. (Ajoutez plus 2 en avarice) Pour le moment, on n'en parle pas. Il faut qu'on attende un peu, nous ne sommes pas prêts. »

Votre femme, qui avait armé son bras pour vous gifler afin de venger sa mèche sauvagement arrachée, vous fixe et se recoiffe machinalement. « Tu as raison, dit-elle, gardons ça pour nous encore quelques temps. Installe-toi dans le fauteuil, je nous ramène des verres et de quoi grignoter. Il faut fêter ça ! » Allez en 48.

32

Quelle honnêteté. A l'heure qu'il est, votre personnage sirote sûrement un verre en regardant avec amour sa petite femme lire un magasine dans un endroit luxueux ou pas (rien de prouve qu'il ait remporté la loterie). Ce qui fait que vous avez lamentablement rendu ce couple heureux. Quel échec pour vous alors que vous aviez tant de possibilités de courir à votre perte !

33

Le fracas que vous avez causé a attiré votre fils, Bryan. Comme c'est le pire des enfants que vous ayez pu engendrer, vous commencez à vraiment regretter de ne pas pouvoir vous achever tant qu'il en est encore temps. Il s'approche de vous et dit : « Papa ? » Au son de sa voix, vous comprenez qu'il ne va pas en rester là. Vous avez beau faire rouler vos yeux dans vos orbites, il ne vous lâchera pas. Et après vous avoir secoué pendant cinq bonnes minutes en hurlant « PAPA !!! »(Ce qui vous a d'ailleurs beaucoup énervé au point de presque réussir à vous étouffer avec votre salive), il appelle les pompiers. Allez en 49.

34

Eh voilà, nous y sommes déjà. Allez quoi, vous êtes observateur et il ne vous a pas échappé que vous n'êtes renvoyé vers aucun paragraphe à la fin de celui-ci. Mais voyez plutôt ce qui vous arrive.

Vous ne pouvez pas bouger. Heureusement que votre poste de télévision est resté allumé, cela vous occupe l'esprit. Vous ne partagez votre vie avec personne donc nul ne va se soucier de votre cas. Plusieurs jours se passent. Un soir, quelqu'un frappe à la porte. Vous entendez une voix familière crier votre nom ; c'est Fredo qui vient vous chercher pour aller boire un coup. Vous tentez de répondre : « Zdrrrllll » gargouillez-vous lamentablement. Quelques jours plus tard, vous entendez au cours d'un flash spécial que le gagnant de la super cagnotte ne s'est toujours pas fait connaître. Vous vous endormez pour toujours sur ces paroles rassurantes : pour l'instant, personne n'a touché le pactole à votre place. Je vous donnerais bien quelques points en avarice pour cet état d'esprit mais les bonus ne sont pas cumulables avec la mort. Félicitations quand même ; la fin par la faim, c'est toujours efficace.

35

« Enfin ! » soupirez-vous en arrivant devant la porte. C'est votre sanctuaire ; un cagibi que vous avez aménagé en sorte d'abri antiatomique mais sans parois renforcées et sans réserve de nourriture. En fait, il s'agit d'une cache où vous vous réfugiez de temps en temps pour échapper à votre famille. Un petit poste de télévision et quelques canettes vous permettent de vous occuper quelques heures, un vieux canapé tout défoncé pour le confort et surtout, l'interdiction absolue faite à tous les autres membres de la maison, obtenue après des menaces insensées et des chantages peu glorieux, de descendre vous emmerder lorsque vous y êtes. Vous vous installez dans ce qui reste du cric-crac (nom donné à cet ancien clic-clac après que vous l'eussiez fracassé en sautant dessus un soir d'ivrognerie footballistique), vous allumez votre mini-poste sur une chaîne de sport pour décompresser et vous décapsulez une bière. Allez en 50.

36

Au moment où vous arrivez devant la porte, vous entendez votre femme, qui est juste derrière et qui téléphone : « Viens tout de suite, il est sorti à l'instant… (un temps)… ils dorment et puis de toute façon ils te connaissent… (un temps)… mais s'il revient avant qu'on ait fini, on lui expliquera, de toute façon, il faudra bien que je lui dise un jour… (un temps)…d'accord, dépêche-toi, je me prépare. »

Soit vous allez vous jeter tout de suite sous une voiture, allez en 51.

Soit vous jouez la montre et vous essayez de les surprendre allez en 52.

Vous arrivez au bar « Chez Nono » avec la mine des mauvais jours ; un parce que c'est un mauvais soir, deux pour éviter que le patron n'ait le toupet de vous demander de vous acquitter de vos dettes éventuelles (bien joué, plus deux points en avarice).

Il n'y a, ce soir, que deux consommateurs au bar : d'un côté un homme corpulent en survêtement beige que vous décidez immédiatement d'appeler intérieurement « le gros beige » (plus un en couardise… ah ! mince, ça n'existe pas ; ajoutez le !) alors que vous devez au moins peser vingt kilos de plus que lui (plus un en mauvaise foi). Et de l'autre côté du bar, le patron, Maurice. Une chevelure courte et fournie avec, toujours, deux ou trois épis rebelles qui surmontent un front toujours plissé, comme soucieux, qui surplombe de façon inquiétante un regard farouche coiffé de sourcils broussailleux et toujours froncés. Même quand le patron est surpris. Même quand le patron plaisante. Même quand le patron rit.

« J'allais fermer » vous lance-t-il avec un sourire en coin. Puis il abaisse le store. «C'est ne pour plus être dérangé. Qu'est-ce que tu bois ? »

Une heure et quelques Picon bière plus tard, vous êtes rôti. L'autre client est en fait le cousin de Maurice, il s'appelle Philippe mais tout le monde l'appelle Philou ce qui vous convient car vous trouvez que « Philippe », c'est chiant à dire ». Il est de passage pour affaire dans la région. Le patron qui semble, une fois n'est pas coutume, tout excité, vous propose finalement de descendre boire un truc plus costaud qu'il a dans ses réserves. Quelle chance pour vous ! Allez en 55.

38

« Tu ne vois pas que je regarde la télé, beuglez-vous, si je t'avais sonnée je te le dirais ! Merde ! Si t'entends des voix j'y peux rien ; fais toi soigner ou va voir un curé ! » (Vous gagnez 3 points en goujaterie) et vous adoptez la mine la plus renfrognée dont vous êtes capable tout en fixant l'écran de télévision. (Tenez, un point de plus en bouderie pour l'effort).

« Mais pourquoi es-tu si méchant ? vous demande-t-elle ; tu es donc con à ce point... Ça fait des mois que tu bois comme un trou, que tu me parles que si tu as besoin de quelque chose et tu ne me demandes jamais ce que je veux, si je vais bien... Et là, tu m'insultes juste parce que j'ai cru que tu me parlais... C'est trop ! »

Comme elle a fini en hurlant, vous comprenez qu'une dispute se profile.

Si vous préférez rester mutique, allez en 53.

Si vous voulez essayer de lui lancer un objet pour la calmer, allez en 54.

39

A peine sorti, vous vous sentez mieux ; l'air frais de la soirée vous ragaillardi et vous vous dites que vous allez flâner un peu en chemin (chemin qui représente au grand maximum une cinquantaine de mètres). Votre promenade vous conduit, sur l'avenue principale où vous commencez par jeter un œil à la pelouse d'André, un retraité de la poste obsédé par tout ce qui dépasse, et capable de sortir avec une paire de ciseaux pour couper un brin de gazon plus haut que les autres. Le genre de brin récalcitrant qu'il passait son temps à traquer du regard de la fenêtre de sa cuisine. Un maniaque, tant de temps accordé à l'herbe vous dégoûte et vous détournez la tête juste à temps pour apercevoir un billet de banque de cinq euros filer vers la chaussée, poussé par une brise imperceptible. « Qui c'est qui va payer un verre à papa ? », couinez-vous en vous élançant tant bien que mal à sa poursuite. Allez en 56.

Sans même vous donner la peine d'éteindre le poste (un demi-point de fainéantise, c'est classique), vous vous précipitez vers la porte de la cave. Vous entendez derrière vous avec satisfaction votre femme poursuivre son monologue. Mais vous êtes néanmoins très contrarié d'être ainsi obligé de fuir les coussins moelleux et défoncés et c'est en rogne que vous vous engagez dans l'escalier qui mène à votre repaire. Grâce à votre esprit éclairé, l'ampoule qui illuminait cet escalier n'a pas été changée depuis plusieurs semaines (ajoutez 2,5 en fainéantise et je vous accorde 0,5 en avarice seulement car les nouvelles générations d'ampoules commencent à sérieusement douiller ! Pour qu'elles reviennent à un prix décent, il faudra peut-être sortir les baïonnettes ; allez savoir…) mais ce n'est pas l'absence de lumière qui vous fait tomber. Allez en 27.

41

Vous quittez votre domicile mais vous faites un petit détour avant d'aller au bistrot histoire de ne pas avoir mauvaise conscience ; vous avez quand même dit à Bryan que vous alliez marcher et, pour le moment, ce drôle croit tout ce que vous racontez. Bien entendu, cette balade vous oblige à apercevoir un homme se pencher et ramasser, quelques mètres avant vous, ce qui semble être un billet qui trainait par terre. Cette scène achève de vous mettre de bonne humeur et c'est en grognant que vous faites demi-tour pour prendre le chemin le plus court en direction de « Chez Nono ». Allez en 37.

42

Alors là, vous faites très fort : plus un mouvement, rien même pas une pensée. Cette déclaration officielle de flemme du siècle vous rapporte 5 points en fainéantise. Zut, mourir bêtement alors que vous étiez bien parti pour atteindre les dix points... Car en effet, dans votre volonté d'inertie totale, vous avez même renoncé à faire l'effort de respirer et votre personnage meurt asphyxié. Pas mal du tout.

43

En une fraction de seconde, vous composez la meilleure des pires tronches que vous n'ayez jamais faite ; vous y gagnez trois points en bouderie pour l'effort et la beauté du geste. Mais votre femme semble déterminée : « Chéri, arrête de faire la tête et dis moi où est ce ticket. Je sais, tu l'as laissé dans ton manteau » Sur ces mots, elle se lève. Il va falloir la laisser faire, allez au paragraphe suivant.

44

Pendant que votre épouse farfouille les poches de votre manteau crasseux et vous gratifie de « on dirait presque qu'il y a du tissu sous les saletés », vous listez les moyens que vous avez de mettre un terme à ses recherches. C'est alors que vos yeux se posent sur la coupe que vous aviez gagné en perdant la consolante d'un tournoi de pétanque, jour où vous aviez mis un terme à votre piètre carrière de bouliste.

Vous vous levez, la saisissez discrètement et vous vous précipitez avec nonchalance (ce qui est très difficile, quel magnifique traître faites-vous) vers votre femme.

Mais cette dernière vous connait depuis des années et détecte aussitôt le danger : elle se rue dehors, le ticket en main. Aveuglé par la haine, vous la poursuivez dans la rue.

La justice ne poursuivra même pas les quelques jeunes qui étaient rassemblés à trois ou quatre (de manière louche et illégale) et qui vous ont sauvagement sauté dessus alors que vous n'aviez même pas réussi à rattraper votre compagne. Certes, vous n'auriez pas dû crier « Tirez-vous les bougnoules ! » quand ils se sont interposés : c'étaient des Pakistanais. Heureusement, vous l'ignorerez puisque vous êtes mort. Pas à cause des jeunes ; non, c'est le Taser que les policiers ont utilisé sur vous qui vous a flingué. Vous avez du bol ; normalement, c'est une arme non létale ! Quel veinard, bravo !

45

Magnifique, vous voici en bien mauvaise posture. Comme vous avez violemment heurté un mur porteur très important, des craquements, qui s'amplifient et s'accélèrent et évoluent en grondement. Vous mourez enseveli sous les décombres de votre maison… Ah ! Ah ! La tête que vous faites ! Vous y avez cru ? Mais cette fin est beaucoup trop somptueuse pour un looser tel que vous. En réalité vous mourez de façon beaucoup plus grotesque.

En effet, lorsque les secours arrivent, vous êtes toujours en vie. Après l'examen du médecin urgentiste, vous êtes toujours en vie. Après qu'un des brancardiers ait eu une faiblesse en essayant de remonter (avec trois de ses collègues quand même) votre obésité en haut de l'escalier étroit, le soubresaut engendré accélère une hémorragie interne. Le coma vous empêche de profiter pleinement de cette situation et vous partez inconscient. Toutes mes félicitations !

46

Pas mal, vous gagnez deux points en mauvaise foi. Vous entendez derrière vous le jeune qui vous interpelle : « Eh, m'sieur, eh ! eh ! »… Puis qui vous invective : « Vas-y, putain baltringue, gros bledard va ! »… et enfin, vous franchissez le seuil de ce qui vous apparaît soudain être une terre d'asile, un havre de paix : le bar « Chez Nono ». Rendez-vous en 37.

Vous vous tournez d'un bloc, prêt à défendre chèrement votre peau si besoin, tous les sens en éveil. L'animal qui sommeillait en vous depuis des années, anesthésié par les hectolitres que vous avez distillés tout ce temps, vient d'ouvrir un œil. « Eh, m'sieur, mes potes sont pas d'ici et ils ne veulent pas croire que d'habitude c'est éclairé ici, la nuit ; ils disent qu'à Aubervilliers, on n'a pas de thunes alors EDF a coupé le jus. » Vous balbutiez quelque chose comme « Si si, c'est éclairé » Et le jeune se retourne vers ses potes en disant : « Vous voyez, on n'est pas des sauvages ici, bien sûr qu'on a la lumière ; c'est vous les bledards à la Courneuve… » et vous vous retrouvez seul, sans aucun danger à affronter. L'animal qui est en vous se retourne dans sa couette et se rendort. Mais vous venez quand même d'accomplir un acte courageux et à ce titre, vous perdez un point dans chacune de vos compétences. Et maintenant, entrez-donc « Chez nono » ; rendez-vous en 37.

48

Soulagé, vous vous installez confortablement dans le canapé et vous mettez une chaine de sport pour vous détendre. Votre femme revient un moment après avec deux verres et quelques cacahuètes. Comme vous lui faites remarquer que deux verres ne suffiront pas pour fêter ce moment, elle vous regarde avec un drôle d'air et vous dit : « Mais tu l'as dit toi-même, nous devons garder la tête froide alors ça devrait suffire. » Vous buvez sans trinquer avec elle (pas mal, gagnez un point de goujaterie). « Tiens, il a un drôle de goût ce mousseux, pensez-vous en l'avalant. » Et puis vous vous endormez très vite. Le médecin légiste incompétent qui examinera votre corps le lendemain conclura à un accident vasculaire cérébral. Bravo, vous avez été empoisonné.

49

Après quelques examens aux urgences, vous ne pouvez toujours pas marcher mais vous pouvez parler et c'est en pensant avec force au billet gagnant que vous devez avoir dans votre poche de manteau à la maison (mettez un point en avarice) et au prix des chambres d'hôpital alors que vous n'avez jamais voulu prendre de mutuelle (rajoutez un en avarice) ni pour vous ni pour vos enfants (et un point de plus en avarice, quel talent) que vous criez à l'infirmière qui vous prépare pour une injection : « Putain, ramenez-moi tout de suite chez moi !

— Mais vous n'y pensez pas monsieur, vous répond-elle. Pas dans votre état !

— Mais je vais très bien ! Répondez-vous avec aplomb sans ciller alors qu'une aiguille s'enfonce dans votre bras (Plus 5 points en mauvaise foi).

Si vous choisissez de lui expliquer votre problème, allez en 58.

Si vous préférez attendre d'aller un peu mieux pour tenter une évasion, allez en 59.

50

Quelques gorgées de bières plus tard, après un corner très tendu et deux occasions de but manquées, vous commencez à vous détendre. « Crrrr crrr crrr !». Comme un grignotement... Et là, vous vous dites que ce n'est vraiment pas de pot ; « casse noisette », que vous avez surnommé ainsi pour la bonne et simple raison qu'elle vous les brise menu, a décidé de vous gâcher le petit moment de tranquillité que vous aviez décidé de vous octroyer.

C'en est trop ! Vous vous levez et partez vous saisir d'un balai. Ainsi armé, vous adoptez la position du chasseur : en appuis sur les deux jambes légèrement fléchies, la tête rentrée, les yeux à demi fermés et les narines dilatées. Vous guettez. « Crrr crrrr crrrr !» Seule votre tête se tourne. « Crrr crrrr crrrr ! » Pas de doute ; ça vient de l'étagère près de la porte. Malgré votre corpulence, vous vous approchez comme un chat de celle-ci et vous vous immobilisez à moins d'un mètre. Silence. Vous suspendez votre souffle. « Crrr crrrr crrr ! » Le bruit

provient du carton sur lequel il est écrit :
« Décorations de Noël ». La colère serre votre
gorge… Allez en 60.

51

Vous attendez quelques instants dans la rue
mais ne voyant aucune voiture arriver et très
pressé d'en finir, vous choisissez de rejoindre
un axe plus fréquenté. Mais vous n'avez pas de
chance ; l'avenue que vous atteignez est
quasiment déserte ce soir et les rares véhicules
passent très lentement. On dirait presque que
les conducteurs se méfient de vous.

Soudain, vous êtes rassuré par le
vrombissement d'un moteur et le crissement de
pneus sur la chaussée. Vous vous approchez du
bord de la route et, tel un rugbyman, vous
plongez dans les roues du bolide qui passe à
votre hauteur. Autant le choc est violent et bref,
autant le bruit du freinage est un cri long et
horrible qui vous perce les tympans.

Coincé sous le châssis, vous êtes trainé sur une
vingtaine de mètres avant que le véhicule ne

s'immobilise. Vous entendez le chauffeur descendre et dire : « Merde-putain-c'est-pas-vrai-qu'est-ce-qu'il-a-fait-c'con-la ! C'est pas vrai ! C'est pas vrai…» Puis il remonte, enclenche une vitesse et, en reculant, la voiture imprime une torsion que votre corps volumineux ne supporte pas. Vous avez bien failli vous rater mais vous voici enfin mort. Bravo !

52

Vous attendez 5 secondes puis vous frappez à la porte. Quelques instants après, votre femme vous ouvre : « Qu'est-ce que tu fais là ? Tu rentres ? » Vous la bousculez (plus un en goujaterie), récupérez votre trousseau et sortez en maugréant : «oublié mes clefs » avant de claquer à nouveau la porte.

Vous allez ensuite vous cacher dans le porche qui est à trente mètres de chez vous, sur le trottoir d'en face, et qui vous permettra d'avoir une bonne vision d'ensemble.

A peine cinq minutes plus tard, un homme traverse la rue et arrive devant chez vous. La porte s'ouvre et il entre. Vous attendez, et chaque minutes vous donne l'occasion d'imaginer le film de ce que vous allez faire. La garce, elle va regretter de vous avoir pris pour un con…

Au bout de quelques minutes (largement le temps qu'il faut pour se déshabiller pensez-vous), vous retournez à votre domicile et, avec mille précaution, vous ouvrez la porte.

Personne dans le salon… Ils ne font quand même pas ça dans votre propre lit ? Vous passez par la cuisine et vous vous armez d'un grand couteau puis vous prenez le chemin de votre chambre en faisant bien attention à ne pas faire grincer les marches de l'escalier. Ils ne sont pas dans votre chambre.

Des chuchotements vous parviennent ; ils sont au grenier. Et soudain vous vous souvenez que votre femme s'y enferme de temps en temps depuis plusieurs mois pour vous ne savez quelle raison. Le rire étouffé de votre compagne vous tire de vos réflexions.

Vous serrez les dents et vous dirigez vers le grenier. Allez en 57.

53

Votre épouse continue à hurler mais face à votre inertie, ses propos s'enveniment et perdent peu à peu leur logique qui s'enfuit en courant pour laisser la place à des insultes et à des grossièretés sans nom. Sans frémir, vous buvez un coup ce qui achève de l'énerver. Et comme vous masquez votre satisfaction derrière un air bougon, vous marquez 5 points en bouderie. Bravo, vous avez réussi à ruiner votre couple et vous avez atteint les dix points nécessaires à votre victoire. Il ne vous reste plus qu'à fêter ça !

54

La première chose qui vous vient dans la main que vous aviez machinalement glissée entre deux coussins du fauteuil, c'est une de vos anciennes pantoufles que vous croyiez perdue il y a plusieurs mois déjà et dont vous avez jeté la jumelle à la poubelle. Votre femme esquive et le projectile improvisé fracasse le miroir du salon. Une heure plus tard votre femme a quitté définitivement la maison. En plus d'une victoire aux points pour votre muflerie (gagnez 5 points de goujaterie), vous vous êtes assuré un bonus de sept ans de malheur. Quel talent !

55

Vous descendez des escaliers qui vous mèneront à n'en pas douter, au saint des saints, au paradis : la cave de Maurice. Maurice ouvre la route et son cousin ferme la marche. Arrivés en bas, vous faites quelques pas dans une semi-obscurité quand soudain, votre tête heurte quelque chose de très dur. Dans un réflexe, vous vous baissez presque instantanément en même temps que vos mains attrapent votre crâne qui est sur le point, vous semble-t-il, de se fendre. C'est quasiment accroupi que vous vous retournez vers Philou pour lui dire un truc du genre : « je l'avais pas vu cette poutre » mais ce que vous voyez vous arrête net.

Philippe tient en effet une matraque à la main et la lève à nouveau, l'air contrarié. Le temps d'enregistrer cette information, vous la prenez en pleine gueule.

Vous vous réveillez quelques temps plus tard, attaché à une chaise. Maurice et Philou vous regardent reprendre connaissance. Allez en 61.

56

Vous vous approchez du bord de la route et, tel un rugbyman, vous plongez… dans les roues du bolide qui passe à votre hauteur. Autant le choc est violent et bref, autant le bruit du freinage est un cri long et horrible qui vous perce les tympans.

Coincé sous le châssis, vous êtes trainé sur une vingtaine de mètres avant que le véhicule ne s'immobilise. Vous entendez le chauffeur descendre et dire : « Merde-putain-c'est-pas-vrai-qu'est-ce-qu'il-a-fait-c'con-la ! C'est   pas vrai ! C'est pas vrai…» Puis il remonte, enclenche une vitesse et, en reculant, la voiture imprime une torsion que votre corps volumineux ne supporte pas. Vous voici écrasé pour cinq euros ; renversant, non ? Mes félicitations.

57

En arrivant devant la porte, plusieurs lames du parquet se mettent à grincer en même temps et ce concerto déclenche une cavalcade dans la pièce où se trouvent votre femme et l'inconnu. Vous enfoncez la porte et vous vous jetez sur l'homme à poil devant vous.

Ce n'est qu'après l'avoir poignardé mortellement que vous comprenez votre erreur : votre épouse, habillée, se tient à côté d'une toile qui supporte l'ébauche d'un corps nu et le pinceau qu'elle tenait est tombé à ses pieds. Elle vous avait caché qu'elle peignait !

Et comme le corps de votre victime appartenait à Fabrice, un jeune homme du voisinage qui ne cachait pas son homosexualité, le tribunal qui vous juge quelques temps plus tard ne vous reconnaîtra aucune circonstance atténuante puisque certains témoins auront la gentillesse de préciser que vous étiez un homophobe notoire (ce qui est par ailleurs tout à fait exact).

Vous perdez bêtement en essayant de vous racheter une conduite en prison. La prochaine fois, n'essayez pas d'attenter à une vie autre que la vôtre.

58

Quelle mauvaise idée ! Bravo ; vous êtes tombé sur une folle prête à tout pour faire autre chose que s'emmerder avec des patients. Elle vous écoute avec intérêt, avec beaucoup d'intérêt. Elle vous promet de vous ramener le ticket gagnant dans l'heure à condition que vous lui donniez 20%. Mais dès que le tranquillisant qu'elle vous a injecté au paragraphe précédent commence à agir, elle vous injecte une autre substance. Comme cette dernière est létale, vous mourrez sans jamais savoir si votre meurtrière a pu partir se faire dorer au soleil grâce à vous. On peut dire que vous ne manquez pas de déveine ! Encore bravo.

59

Lorsque vous ouvrez les yeux il fait nuit. Vous êtes le seul à occuper un lit dans la chambre où vous vous réveillez. Vous débranchez votre perfusion et vous vous asseyez sur le bord du lit. Votre cerveau est comme une barque prise dans une tempête au milieu de l'océan. Le roulis est énorme et une mauvaise grêle fouette votre crâne de l'intérieur juste au dessus des yeux. Et puis alors vous voyez de ces éclairs ! Mais votre décision est irréversible ; vous allez rentrer chez vous, récupérer votre ticket et si besoin vous pourrez toujours vous faire soigner dans un hôpital de luxe… Pensez-vous en sortant dans le couloir désert. Enfin désert, mis à part cet énorme tigre qui dort dans sa panière, il est désert. Bon, il y a aussi quelques goélands qui vous frôlent la tête mais avec une tempête pareille, c'est bien normal. Le problème c'est toute cette gelée de groseille qui vous freine…

Vous l'avez sans doute compris, vous lever si rapidement après votre terrible chute était imprudent. Votre personnage se retrouvera, suite à une surpression fatale de certaines zones de son cerveau, interné à vie dans un hôpital psychiatrique. Dans un certain sens vous avez gagné mais comme il vivra heureux en se prenant pour un poulpe et en mangeant des poissons attrapés dans le bassin du centre, on peut aussi se dire que votre victoire n'est pas éclatante.

60

Vous voyez rouge ; il y a trois ans, pour Noël, votre femme vous avait demandé de brancher la guirlande électrique du sapin. Une décharge électrique vous avait projeté à trois mètres de l'arbre. Personne n'avait pu expliquer comment ce petit fil électrique s'était retrouvé à nu alors que c'était la deuxième année seulement qu'on l'utilisait.

Maintenant vous comprenez, c'est à cause de cette foutue bestiole que vous avez bien failli canner. L'heure est venue de payer ! « Crrrr crrr crrr ! » Super, elle ne se doute de rien. Vous saisissez prestement le carton, le mettez au sol et vous vous mettez à le piétiner rageusement. C'est lorsque vous vous penchez afin de retrouver le cadavre de votre victime que la souris jaillit d'entre les éclats de boules et les morceaux de carton. Ivre de rage, vous attrapez le balai et, en le brandissant au dessus de votre tête, vous vous lancez à la poursuite du petit rongeur.

A part vous, tout va très vite : le manche du balai heurte la lampe de la cave qui explose et comme vous n'êtes ni un chat, ni une chauve-souris, vous finissez la tête empalée sur une vieille tige en fer que vous avez toujours eu la flemme de scier. Bravo, vous êtes mort et vous allez donnez du travail aux enquêteurs qui devront déterminer contre qui vous vous battiez.

61

L'interrogatoire est musclé et douloureux, pour vous il va de soi. Surtout que du début à la fin, vous avez l'image mais pas le son donc vous ne comprenez rien à ce que vos agresseurs hurlent. Sans doute un problème lié au coup de matraque avez-vous le temps de penser avant qu'ils ne se jettent sur vous. Vous prenez des gifles, des coups de poing, de pied de biche, de cochon (les restes du plats du jour). Vous vous retrouvez à terre.

Un moment de répit vous permet d'apercevoir à travers un filet de sang vos deux bourreaux en train de s'empoigner. Vous ne comprenez rien. Ce ne peuvent pas être les quelques bières que vous avez réussi à truander au patron qui provoquent une réaction pareille.

Finalement ils ont l'air de discuter. Enfin ils se rapprochent de vous, s'agenouillent et... commencent à vous déshabiller. Il vous reste une chaussette et un maillot de corps lorsque Maurice pense à jeter un œil à l'intérieur de votre portefeuille. Et la vous le voyez sauter en l'air, attraper Philou par les épaules et danser avec lui une gigue endiablée. Ils tiennent votre ticket de loterie comme un trophée.

Deux jours plus tard, votre corps fera partie intégrante de la chape de béton qui servira de base à la nouvelle piscine de Philou. Le fait que vous ayez toujours joué les mêmes numéros à la loterie chez Maurice, qui gère le loto et le PMU, n'est sans doute pas étranger à votre traitement de faveur.

L'histoire suivante, je la dédie à ma grand-mère paternelle, Thérèse Bouysset. L'idée a germé dans mon esprit alors que je me trouvais dans le train en direction de la Corrèze, en décembre 2013. J'y allais afin de rendre ce qui serait, je le savais, la dernière visite à cette mamie avant sa mort. Je repensais alors à une histoire qu'elle m'avait racontée à propos de voisins auxquels un représentant sans scrupules avait vendu un ensemble de casseroles au prix imbattable de 1 000 euros. L'affaire de l'année. En tout cas pour ce représentant...

Vendeur, Représentant, P…

Novembre, temps humide et froid. Idéal pour les affaires, se dit Franck en s'avançant dans la rue de la Courneuve, à Aubervilliers. Des maisons et des petits immeubles bordent le sens unique de chaque côté. A part une silhouette qui disparaît d'ailleurs très rapidement à l'angle d'une rue en propulsant une poussette bâchée, Frank est seul. Il observe.

Certaines personnes naissent avec des dispositions particulières. Il y en a qui parviennent à identifier une fragrance subtile au milieu d'une boutique de parfums dont le système d'aération est tombé en panne en pleine période de soldes. Il y en a d'autres qui sont douées pour les calculs et d'autres encore, pour fabriquer des prothèses mammaires.

Franck, lui, excelle dans tout ce qui se rapporte à l'efficacité de l'isolation des habitations. Il lui suffit d'un coup d'œil sur le mur d'une maison ou d'un immeuble pour savoir au degré près la température ressentie derrière celui-ci par les habitants. Surtout lorsque dehors il fait un froid de gueux. Comme aujourd'hui par exemple.

Bien entendu, lorsque Dame Nature fait un don d'une telle sorte à un individu, encore faut-il que les circonstances lui permettent d'en tirer profit. Songeons en effet au désarroi profond que pourrait ressentir une personne née pour être nez et qui se retrouverait à travailler dans une décharge. Et que dire de la frustration du mathématicien en puissance que les aléas de la vie auraient conduit à devenir critique littéraire… Ne parlons pas du potentiel de l'expert en prothèse mammaire gâché par une carrière d'ostréiculteur.

On peut dire que Franck avait eu de la veine puisqu'il se retrouvait vendeur représentant pour la marque KFC, attention, KFC pour Kit Fibres Chauffants. LE spécialiste de la couverture chauffante. Du coup, son don lui permettait de déceler en un clin d'œil les habitations dont les occupants sont les plus exposés aux baisses de température et donc les plus réceptifs à son baratin.

Il vient justement de repérer un immeuble parfait. Ses yeux, aiguisés comme des caméras thermiques, ont deviné les énormes déperditions de chaleur au niveau des murs en béton et des fenêtres même pas équipées en double vitrage.

Franck arrive devant l'interphone et appuie, comme à son habitude, sur le bouton situé en haut à gauche. Une stridulation nasillarde l'informe qu'une sonnerie est bien en train de retentir quelque part, chez quelqu'un.

Le crachin glacial semble venir du sol. Malgré son chapeau à large bord, il ressent le picotement des gouttelettes glaciales sur ses joues, sur son nez et dans son cou. Soudain, un crachotement dans le micro puis plus rien. Personne. Le représentant ajuste le col de son imperméable qui vient tout simplement se coller à sa peau humide et appuie sur le bouton suivant.

« Putain, quel temps de merde... »

Sa propre voix le surprend. Il se retourne; rien. Pas un chat dans les parages. La seule agitation est celle des arbres maigrichons de l'entrée de la propriété que le vent tourmente en leur arrachant leurs dernières feuilles.

Le signal sonore enrhumé qui retentit le rappelle à l'ordre. Une musique doit se jouer dans un appartement. A moins que ce ne soit une horrible sonnerie de type agressif... du genre à énerver ses futurs interlocuteurs. Pas bon pour les affaires, ça. Quand on sonne chez quelqu'un à l'improviste, ça tombe toujours en plein milieu d'une sieste, d'un film, d'une partie de carte, de jambes en l'air ou de tout cela à la fois. Donc on dérange. Si en plus l'interphone est en mode tintamarre insupportable, le premier contact est toujours rugueux.

Franck se place face à l'interphone, prêt à débiter son boniment habituel ; s'apprêtant à convaincre un paranoïaque aigu de le laisser pénétrer dans son bunker.

« Oui ? » demande alors une voix qui semble appartenir à une personne qui sortirait d'une hibernation prolongée. A ce moment, un claquement sec retentit suivi presque aussitôt d'un hurlement strident. Franck se retourne d'un bloc ; se préparant à affronter un sanglier éventré qui foncerait vers lui.

Rien. C'est le portail automatique de l'entrée qui se referme. Le vendeur, pressé, n'avait même pas remarqué qu'il était entré trop facilement dans la résidence.

« Putain, l'a pas été graissé depuis la guerre ce … »

« Allô ? » interroge mollement la voix.

Le cœur battant la chamade, Franck se place à nouveau face à l'interphone et s'en approche comme s'il voulait que la conversation reste confidentielle.

« Oui, euh… bonjour, je me présente, Franck Bourouchev de la société KFC. Plusieurs… heu… habitants… euh, j'veux dire locataires, ont fait appel à nos services pour se procurer des… heu… couvertures chauffantes et je voulais savoir, sans vous déranger outre mesure, si vous souhaitiez bénéficier de ce service ? »

Silence. *Merde, t'as la voix mal assurée ; d'habitude, t'es plus positif, mec, allez, ressaisis-toi !* Le micro se remet à crachoter puis : « Eh bien aujourd'hui, pas de bol… *Eh merde, ça va pas le faire.* Vous n'avez pas de chance mon pauvre… *C'est une femme ?* … mais je n'ai vraiment pas envie d'être dérangé car… *Putain, va me raconter sa vie !* …les circonstances me rendent acariâtre… *AK quoi ?...* mais je vais vous laisser une chance de vous en sortir… *Ah ! J'ai peut-être pas été si nul finalement !* ... Donc je déclare la chasse ouverte ! *Quoi ?!?* »

« Pard… ? » Et avant que Franck n'ait fini de prononcer le « on », un pot de fleur de type jardinière en plastique explose juste à côté de lui.

Le représentant retombe sur ses pieds sans avoir réalisé qu'il venait de battre un record mondial de saut en hauteur en détente sèche. « Putainmaisc'estquoisbordel !?? » A-t-il   le

75

temps de couiner juste avant le deuxième pot, en terre cette fois, qui éclate comme une grenade à un mètre de lui. Des éclats volent en sifflant dans tous les sens et l'un d'eux l'atteint à côté de l'oreille droite. Immédiatement, un petit filet de sang glisse sur sa peau humide et lui dégouline dans le cou.

La porte vitrée devant laquelle il se trouve est surplombée d'un petit parapet en béton qui, d'ordinaire, protège de la pluie. Contre le crachin d'aujourd'hui, il ne sert à rien. Et concernant les pots de fleurs…

N'écoutant que sa trouille, Franck s'élance vers la sortie. Mais le portail est fermé.

« Merd… »

« STOMP ! » Un bref coup d'œil lui permet d'apercevoir la boule de pétanque qui a écrasé le bouquet d'œillets juste sur sa gauche.

Un regard en l'air : une fenêtre du quatrième étage se referme. *Toi, je t'oublierai pas mon connard ! Mais qu'est-ce que… Oh putaiiiiin !*

Toutes les fenêtres viennent de s'ouvrir en même temps.

Franck fonce vers le parking. Son instinct de survie lui recommande de faire des zigzags. Il s'exécute. Bien lui en prend car il se met à pleuvoir. A part le vélo pour enfant, tous les objets qui touchent le sol autour de lui sont de petite taille. Mais au bruit qu'ils font en s'abattant par terre, il vaut mieux qu'aucun ne l'atteigne.

Une descente, un parking souterrain sans portail. Il s'engouffre dedans au moment où un objet se fracasse dans un bruit horrible juste derrière lui. Le vendeur s'enfonce dans le souterrain, poursuivi par un grondement affreux qui accélère.

Franck se retourne pour faire face et une cocotte minute apparaît et termine sa course contre une poubelle.

Il est à l'abri. Essoufflé mais vivant et en sécurité.

« Mais merde c'est qui tous ces tarés. » Il a les poumons en feu. Son cœur bat à une cadence infernale. « Ils veulent me tuer ; c'est pas vrai. Putain mais c'est pas vrai. ! » Il regarde derrière lui ; une double rangée de box fermés et tout au fond du parking, une petite porte. Fermée elle aussi.

Le représentant s'approche avec mille précautions de la descente par laquelle il est arrivé. Un bref coup d'œil à l'angle du mur : personne. Il se penche un peu et aperçoit la façade du petit bâtiment qui surplombe l'entrée du parking. Avec toutes ces fenêtres au dessus, tenter une sortie serait un pur suicide.

Franck se tourne alors vers la porte située tout au fond du parking ; son seul espoir. Il se précipite vers elle et tente de l'ouvrir. Il n'y parvient pas, alors il tente de la forcer et comme c'est un échec il tente de l'enfoncer. Quelques coups d'épaule et de pied plus loin, il s'éloigne en titubant ; un pied endolori et une épaule en vrac. L'angoisse lui sert la gorge. Il est dans un cul de sac et le seul moyen de s'échapper consiste à faire le lapin géant pour traverser un stand de tir occupé par des chasseurs psychopathes.

« Faut que je sorte… Putain faut que je sorte, sanglote-t-il. » Et il revient sur ses pas.

Il avise les poubelles… *Me cacher là ?* Il soulève un couvercle. *Ils vont me trouver trop facilement là dedans…* Puis il remarque un tas de détritus empilés dans un coin du local, derrière un container. Soudain, il est comme un orpailleur face à l'apparition d'un gisement de pépites à ciel ouvert. Il se jette dessus. Des bouts de bois, une poussette avec une seule roue, un vieux… *Oh ! Oui, c'est génial !…* casque de moto.

Franck enfile le casque, empoigne un bâton. « Il ne me manque plus qu'un bouclier, murmure-t-il dans un souffle tout en regardant autour de lui. » C'est alors qu'il pousse un glapissement et se précipite sur la poubelle dont il arrache le couvercle.

Il se dresse alors fièrement au milieu du parking, il mesure trois mètres, ses muscles sont en acier et il est indestructible : « Eh maintenant venez me chercher, bande de connards ! » Il se sent fort... (bruit d'une clef qui tourne discrètement dans une serrure)... Il se sent invincible... (couinement d'une poignée de porte qu'on actionne discrètement)... Il se sent... (grincement de porte)... obligé de regarder vers le fond du parking.

La porte est ouverte et le vendeur voit un vieil homme la franchir péniblement en s'appuyant lourdement sur un déambulateur. *Je suis sauvé !* Une dame, âgée elle aussi mais beaucoup plus vive franchit à son tour la porte et, lorsqu'elle aperçoit le représentant qui s'avance vers eux elle s'exclame : « Fais attention André, il a un bâton ! » Réalisant la menace qu'il semble représenter dans cet endroit lugubre, Franck s'accroupit et lâche ses armes improvisées au sol tout en criant : « Ne vous inquiétez pas m'sieur dame, ceci n'est pas pour vous ; c'est juste pour me défendre contre les tarés qui balancent ...

— Vise pas la tête, André, à cause du casque, le coupe la vieille en passant un long fusil de chasse à son compagnon.

Le représentant bondit alors sur ses pieds et tente une fuite désespérée en s'élançant vers la sortie du parking. Eviter, dans une cour, des objets lancés par la fenêtre passe encore, mais esquiver du plomb tiré dans un passage équivalent à un long et large couloir, il allait falloir beaucoup compter sur la myopie du papi, sur son Parkinson et sur l'âge du fusil.

Franck a déjà parcouru plus de 11 mètres, il voit la lumière du jour. Il s'apprête à prendre le virage à fond la caisse pour entamer la petite côte qui le ramènera à l'air libre lorsqu'il a l'impression d'être frappé entre les omoplates par le tranchant d'une hache. C'est alors que le coup de fusil retentit. La course folle du représentant vire alors à un effondrement qui, à cause de l'élan pris, se termine en glissade râpeuse sur le sol cimenté du parking.

Avantages de la situation, pour Franck : il ne ressent aucune douleur, il voit et il entend normalement. Les inconvénients : il ne peut plus bouger, ce qui limite son champ de vision à ce qui se trouve à quelques centimètres de son visage et les bruits de pas qui se rapprochent ne sont pas ceux de secouristes.

Silence. Puis une voix douce qui pourrait appartenir à une institutrice à la retraite : « Tu crois qu'il est mort, André ? Et s'il faisait semblant ? Tire dessus encore un coup pour être sûr.

— Non, ça fait trop de bruit. Va chercher la pelle dans le garage. Je le tiens en joue ; s'il bouge, on verra bien… *Si je pouvais bouger, papi, ton fusil je te le rentrerais dans le fion !*

— Donne-moi la clef du box alors.

— Quoi, tu ne l'as pas prise ? *Vont pas s'engueuler maintenant quand même ?!?*

— Ben non, attends, tu m'as juste dit : « Irène, prends le fusil, il se planque dans les garages. » Alors moi, j'ai seulement pris le fusil. Si tu voulais que je prenne aussi les clefs du box, fallait me le dire. Je peux pas penser à tout André ; c'est déjà bien beau que j'ai pris tes…

— Ne commence pas, s'il te plait ! *Mais si, ils vont le faire ! Youhou, je suis là…*

— Pas commencer ? Et tes lunettes, hein ? Si je les avais pas descendues, tu aurais fait comment pour viser, hein ? *Ils sont trop cons. Allez-y, oubliez-moi.*

— Tais-toi ; voilà quelqu'un… *Faites que ce soit quelqu'un qui puisse m'aider, faites que…* Ah, salut Jeannot, tu vois, on l'a eu. *Et merde !*

— Bravo André, lui répond une voix chevrotante, toujours aussi précis.

— Oui enfin heureusement qu'il avait ses lunettes…

— Oh, ça va !

A nouveau, on entend une autre personne approcher.

— Dites, les gars, vous l'avez eu ? *Encore un vieux ! C'est une maison de retraite ici ?*

— Oui, oui, rentrez chez vous, Léon, vous allez prendre froid, répond André !

— Oh non, c'est très gentil mais on en a déjà mangé hier. Gardez-les pour vous. Bon, je rentre sinon je vais prendre froid. Je passe le dire à tous les autres.

— C'est ça Léon, merci... Il a dû encore oublier d'allumer son appareil auditif... *Mais comment ils ont fait pour m'avoir ces bras cassés ?* Dis-moi Jean, tu n'aurais pas une pelle dans ton garage ?

— Oui, j'en ai une. Mais dis-moi, tu veux l'enterrer, celui-ci ?

— Non, non, pas du tout ; on va le mettre dans l'ancienne cuve à mazout, comme les autres... *Quoi ?!?* C'est juste que je voulais lui mettre un coup ou deux sur la tête pour être sûr qu'il soit mort. Ma pétoire fait trop de bruit.

— Oh, tu crois qu'il est vivant. Tu lui as fait un sacré trou dans le dos, là. *Un trou, quel trou, je ne sens rien !!*

— Mais il respire encore. Si ça se trouve, il nous écoute en ce moment ! Ah ! Ah ! *Bien sûr que je vous entends bande d'enfoirés ; si je pouvais me lever, tu rigolerais beaucoup moins mon vieux…*

— Bon, je vais chercher la pelle. »

Un bruit de pas qui s'éloignent, le grincement d'un store qui s'ouvre et les pas qui reviennent. Puis la voix d'André : « Qu'est-ce que tu as trouvé Jeannot ?

— Juste une carte de visite. Il a du la perdre en tombant… KFC… C'est une société qui vend du poulet ça. »

Le bruit des pas se rapprochent. « Dis-moi, André, juste avant de tirer, tu as pensé à crier : « Poule » ? » Ils éclatent tous de rire. Puis c'est le noir.

FIN

Le récit suivant, je le dédie à ma famille du Nord et en particulier à ma grand-mère maternelle. Pour l'inventer, je n'ai eu qu'à ouvrir ma fenêtre et regarder dehors. Pour l'écrire, euh, alors là, ce fut nettement plus compliqué... La première version que je tapai directement sur ordinateur disparut corps et biens suite à je ne sais quelle mauvaise manipulation de ma part. A moins que ce ne soit un vol... Si ça se trouve, un disque dur externe ou une clé USB croupit en ce moment même au beau milieu des déjections et des morceaux de coquilles d'œufs qui garnissent le nid d'un de ces voleurs d'oiseaux. Vite, un fusil ! Vite, une échelle ! Aux armes ! Aux arbres !

Et pie c'est tout !

J'étais en sueur. Mon cœur s'emballait et j'avais l'impression horrible qu'il essayait de sortir de force de ma cage thoracique. Le bruit que je venais d'entendre était bien celui d'une voiture qui venait de se garer.

La vague d'inquiétude qui avait alors déferlée dans mon cerveau avait été très violente ; la maison se situait au bord d'une route sur laquelle passaient en moyenne deux véhicules par jour. La jeep du voisin et la Citroën du facteur. Il y a quelques années, il y en avait un bien eu troisième qui avait sillonné régulièrement cette route perdue; la camionnette du boulanger. Malheureusement, il avait passé l'arme à gauche et depuis, son successeur n'avait pas jugé rentable de faire un tel détour pour vendre deux baguettes. Ce hameau était presque désert.

Tremblant, je m'étais approché de la fenêtre de la chambre dans laquelle je me trouvais à l'étage. Je redoutais ce que j'allais voir et quand j'avais aperçu sa vieille Clio blanche, je m'étais quasiment liquéfié.

D'après mes informations, il était sensé être en déplacement vers Toulouse. Je m'étais caché pour l'observer de loin pour être prêt à agir dès qu'il partirait. Je l'avais vu mettre le gros sac qui contenait tout son matériel dans le coffre vers 9 heures et il avait démarré vingt minutes plus tard. Il ne devait pas être plus de onze heures et il était déjà de retour. Mais putain, pourquoi revenait-il maintenant ? Le problème, c'est bien sûr que je n'étais pas du tout sensé être chez lui !

Lui, c'était Axel B. Nous avions passé beaucoup de temps ensemble, mais c'était il y a longtemps ; sur les chaises de l'école élémentaire de notre petit village. A l'époque, nous étions quatre en cours moyen deuxième année et je me souviens qu'il n'arrêtait pas de dire « C'est vrai en plus !» à tout bout de champ.

Nous avions en commun l'école, la pêche et le plaisir de l'élevage. En effet, nous avions tout deux des cochons d'inde. Notre première conversation à ce sujet avait commencé par un quiproquo car il m'avait parlé de ses « porcs marins » et jusqu'à ce que j'en voie un, chez lui, je pensais qu'il s'agissait d'une toute autre espèce.

Puis nous nous étions perdus de vue et chacun avait fait sa route de son côté jusqu'à il y a six ans. A l'époque, je travaillais pour une société de production qui s'appelait Vidéoprime ; une boîte chargée de trouver et de filmer des gens qui exerçaient une activité peu commune ou qui avaient fait renaître un métier disparu. Les sujets étaient ensuite vendus à des chaînes de télévision. Je n'étais pas trop mal payé, je voyageais beaucoup et je rencontrais énormément de gens. Ma méthode était simple : je choisissais un secteur et j'y passais autant de temps qu'il fallait pour dénicher la perle rare. Le dernier sabotier, la soigneuse de cobras, la contrôleuse de fissures (une expérience très éprouvante sur la paroi abrupte d'un barrage), le dresseur de geais (si, si, vraiment et il avait même réussi à leur apprendre à parler. Du moins à dire des mots très distingués comme « connard » ou « salaud »), furent mes meilleures trouvailles. Tous ces gens, c'est moi qui les ai rendus célèbres.

Et puis j'avais recroisé Axel. Je passais alors dans la région pour rendre visite à mes parents pendant trois jours. Le samedi, j'avais pris le petit quatre-quatre de mon père pour m'amuser un peu dans les chemins. J'étais parti seul et, pour une fois, je n'avais pas pris mon téléphone. Ma petite balade avait commencé à l'abri d'une petite bruine dans une voiture tout terrain. Elle vira à la galère lorsque je dû abandonner ledit véhicule. Je l'avais lamentablement embourbé dans une énorme flaque qui barrait le chemin juste après un virage. Il me fallait aller à pied chercher de l'aide. Au moment où je mis un pied à terre, ou plutôt devrais-je dire dans la mare au milieu de laquelle se trouvait le cherokee, il se mit à pleuvoir violemment. Et c'est là que je me rendis compte que je n'avais pas pris non plus un manteau imperméable.

Après vingt minutes de marche, le chemin boueux dans lequel je pataugeais s'était transformé, à mon grand soulagement, en une petite route goudronnée et j'étais arrivé devant une maison. Enfin, devant le portail d'une maison. De la fumée sortait de la cheminée et, à elle seule, cette odeur me redonna du courage. Pas pour longtemps. Il n'y avait pas de sonnette. Il fallait donc que je traverse cette cour boueuse sillonnée de traces profondes de grosses roues. Je poussai donc la lourde grille et entamai ma deuxième enjambée en direction de la porte de l'habitation lorsqu'un terrible aboiement retentit sur ma gauche. Je fis prestement demi-tour, empoignai le battant que je venais de franchir et le fis claquer derrière moi au moment où une bête monstrueuse semblait sur le point de me bouffer. Je me retournais alors et le vis. Un gros chien de chasse se trouvait de l'autre côté et son attitude me faisait clairement comprendre que j'aurais été bien imprudent d'essayer d'entrer à nouveau pour aller frapper à la porte. Après quelques tentatives infructueuses pour amadouer le molosse et quelques cris pour inciter le propriétaire à sortir, je me résignai à poursuivre mon chemin sous la flotte. Je croisai encore quatre maisons inhabitées et je sortis du hameau. La petite route semblait ne pas avoir de fin.

C'est trempé comme une soupe que j'arrivai finalement devant une maison isolée. Une voiture blanche était garée devant mais aucune fumée ne sortait de la cheminée. Il y avait un portillon devant et il me sembla d'autant plus minuscule qu'il était coincé entre deux épaisses rangées de thuyas. Ces derniers formaient une voûte verte juste au dessus. Avant de l'ouvrir, je criais une ou deux fois « Ya quelqu'un ? » afin de faire connaître ma présence. Surtout suite à ma précédente expérience.

Ne recevant aucune réponse, j'ouvris le portillon avec une extrême prudence. La porte était à moins de cinq mètres mais je n'osais pas avancer. J'attendis encore quelques secondes sous la pluie avant de me décider. Ne voyant aucun chien enrager arriver par la droite ou la gauche, je fis un pas en avant et je franchis le pont de verdure qui me surplombait. C'est en jetant un énième regard apeuré sur ma gauche que j'aperçus le hangar et la volière près desquels j'avais découvert vingt ans auparavant que cochon d'inde et porc marin désignaient le même animal.

En une fraction de seconde, un flot de souvenirs déferla et tourbillonna dans mon crâne ; comme des extraits de film avec Axel en personnage principal. Les jeux dans la cour de récré et sa manie de toujours secouer sa main en relevant le bras pour ajuster sa montre à son poignet après chaque action, les parties de pêche et son incroyable faculté à venir à bout de n'importe quel type d'emmêlement de ma ligne, les pétard achetés à la foire aux chèvres du village que nous faisions exploser dans un pré, le troupeau de vaches qui nous charge après qu'une fusée eut éclaté trop près d'elles, la chute (ça lui arrivait souvent, déjà) d'Axel dans une flaque pleine de boue.

Je connaissais cette maison et je savais maintenant où je me trouvais. S'il n'y avait personne pour m'ouvrir, il me faudrait encore marcher longtemps mais au moins, c'était une maigre consolation, je savais dans quelle direction.

Ce regain d'espoir me fit avancer jusqu'à la porte d'entrée et la gratifier de trois coups vigoureux. Quelques secondes plus tard, un verrou fut tiré puis la poignée tourna et, lentement, la porte s'ouvrit. Je me retrouvai face à un colosse.

« Qu'est-ce que vous voulez ? » Il avait l'air bourru et le ton sur lequel il me posa cette question l'était tout autant. Mais malgré son physique imposant et sa barbe broussailleuse qui masquait en grande partie les traits de son visage, je l'avais reconnu.

« Axel ? fis-je d'une voix que j'aurai voulu plus assurée.

— Oui, bougonna-t-il.

— Tu ne me reconnais peut-être pas mais je suis Baptiste H... Tu sais, on était ensemble à...

— Ça alors ! »

Son visage s'était fendu d'un large sourire et ses yeux étaient devenus pétillants.

— Mais qu'est-ce que tu fous là ?

— Ben voilà, j'ai embourbé ma bagnole dans un chemin, pas loin d'ici. Et depuis un bon moment, je cherche quelqu'un qui pourrait me laisser passer un coup de fil… Ou m'aider… Je suis trempé !

J'espérais qu'il allait m'inviter à entrer pour que je puisse me réchauffer mais il était resté planté dans l'encadrement qui paraissait à peine plus large que ses épaules. Me souriant en hochant la tête. Sans doute devait-il à son tour se repasser quelques bouts de film de notre enfance. Puis il me dit : « Bouge pas. » Et il me referma la porte au nez, me laissant seul et désemparé sur le perron.

Il avait beaucoup changé et, manifestement, il ne s'était pas seulement contenté de se métamorphoser physiquement en ours ; il en avait aussi pris le caractère. Quelques longues minutes plus tard, il réapparut équipé de bottes et vêtu d'un épais manteau imperméable. Il prit soin de fermer sa maison à triple tour puis se retourna et me dit simplement « Viens » en prenant la direction du hangar. Je lui emboitai le pas. Quelque chose me troublait dans sa démarche… Il ne faisait aucun bruit. Etonnant de voir un plantigrade de ce gabarit se déplacer comme un chat.

Il me conduisit jusqu'à un énorme tracteur surplombé d'une petite cabine. « Monte. » Il me désignait l'habitacle exigu. Décidément, il avait un goût prononcé pour les phrases très courtes. Je m'installai donc sur le rebord étroit qui jouxtait le siège et il monta à son tour. Je sentis le tracteur bouger et mon espace vital fut réduit à peu de chose lorsqu'il prit place devant le volant. Il démarra ensuite l'engin et moins de dix minutes plus tard, nous étions arrivés au soit disant « tout terrain » qui attendait sagement dans sa flaque.

Durant le trajet, notre conversation, entrecoupée de longs silences, s'était résumée à :

Moi : C'est vraiment sympa de ta part

Lui : Oh, c'est normal.

Moi : Sinon tu vas bien ? Qu'est-ce que tu fais dans la vie ?

Lui : Ça va, je bricole. (Comme il ne me relançait pas sur le sujet, je décidai de passer à autre chose.)

Moi : Quel temps de merde.

Lui : Putaing oui ! (Cette riche thématique épuisée, je me concentrai sur mon rôle de copilote.)

Moi : C'est à droite là.

Lui : OK

Moi : Continue sur ce chemin, on y est presque. Bien isolée cette cabine, dis donc, on entend à peine le bruit du moteur.

Lui : C'est vrai en plus ! (L'expression me fit sourire ; l'ours était redevenu en quatre mots le petit garçon que j'avais connu autrefois.)

Moi : Ça y est, on y est. C'est elle.

Lui : Putaing, d'accord…

Nous descendîmes et, en un quart d'heure, la voiture fut sortie du trou dans lequel elle baignait. Je le remerciai chaleureusement et je lui proposai de lui offrir un resto. Mais il déclina : « Trop de trucs à faire, me dit-il.

— Je suis sûr que, même sans le tracteur tu aurais pu la sortir de là avec un seul bras.

— Pas sûr, me répondit-il en souriant. »

Puis nous étions repartis chacun de notre côté et je pensais, à ce moment là, ne plus jamais le revoir. Et quelques temps plus tard…

Il était rentré chez lui plus tôt que prévu et j'étais dans sa maison. Je réfléchis à toute vitesse : le placard, tu te caches dedans et… s'il l'ouvre, t'es mort… La fenêtre, tu l'ouvres, tu sautes et… Tu te pètes la jambe, il te rattrape et t'es… Une marche de l'escalier vient de craquer. Il monte ! Vite ! Sous le lit !

Je me glissai aussi silencieusement que possible sous le grand lit en bois datant d'un autre âge et j'entrepris soigneusement de faire le mort.

« Où te caches-tu ? »

Mais comment pouvait-il savoir que j'étais chez lui ? J'avais à peine abîmé le volet de la petite fenêtre de derrière avec le pied de biche qui m'avait servi à l'ouvrir. D'ailleurs, pourquoi avais-je laissé ce foutu levier dehors ? Il m'aurait bien servi dans une situation pareille. J'étais tétanisé par la trouille qui déferlait en moi au rythme des battements effrénés de mon cœur.

La porte de la chambre s'ouvrit. Je ne l'avais même pas entendu s'approcher. Putain de chat-ours ! J'aperçus distinctement ses deux pantoufles. Ce rustre avait pris la peine de se déchausser pour monter. Les petits oursons qui ornaient ses chaussons m'auraient fait éclater d'un rire nerveux et incontrôlable s'il n'avait dit : « Ah, tu es là… »

Mon cœur s'arrêta de battre, je me liquéfiai mais, malheureusement, pas suffisamment pour disparaître entre les lames du plancher.

« Plom ! » firent les quatre pattes d'un chat qui atterrit mollement à un mètre de moi. « Tu ne pensais tout de même pas que j'allais te laisser la maison pour toi tout seul alors que je dois m'absenter ? Tu vas aller dehors. »

C'était donc ça ! Il était seulement revenu parce qu'il avait oublié de sortir ce putain de chat ! Le fulgurant espoir que m'apporta cette information suffit à faire repartir mon cœur. Je ne l'avais même pas remarqué, ce matou. Ce devait être un expert en camouflage. Peu importe, il me fallait pour l'instant :

1 Maîtriser ma respiration (Dingue ce que l'on consomme en oxygène lorsque l'on panique.)

2 Ne pas bouger (Etrange cette terrible démangeaison qui survient toujours dans un cas pareil.)

3 Prier (Que l'ours ne me voit pas en se baissant pour attraper son animal de compagnie.)

« Viens par ici mon gros, dit Axel en s'avançant dans la pièce. » Mais le félin, allez savoir pourquoi, ne l'entendit sans doute pas de la bonne oreille car il se précipita sous le lit pour échapper à son maître. « Mais POURQUOI ? Glapis-je intérieurement. » J'étais horrifié et je fis ce que tout être se sentant sur le point d'être débusqué par un grand prédateur aurait fait : je tentai de me faire plus petit que l'animal qui venait de me rejoindre.

Les deux pantoufles arrivèrent silencieusement au pied du lit. Les petits oursons imprimés sur le tissu me souriaient. La boule de poils se mit à ronronner à mes côtés. Un gros genou se posa au sol, puis un autre, puis un autre (mais combien en a-t-il bordel ?!?) Non, c'était une énorme main. Puis la volumineuse tête barbue du propriétaire apparut. « Putaing, j'ai pas envie de jouer avec t… » Ce dernier mot resta coincé dans sa gorge car il venait de me voir.

« Mais… s'exclama-t-il. »

Il lança son bras en avant pour m'attraper. Je lui échappai grâce à une douloureuse reptation.

« Bordel ! vociféra-t-il. » Et il s'élança vers moi, en considérant qu'un homme de sa corpulence puisse s'élancer sous un lit.

Tous mes muscles se tendirent pour une fuite en rampant dans un espace de moins de trente centimètres de hauteur. Pris entre moi, qui essayais de sortir et son maître qui essayait d'entrer, le chat fut vraisemblablement pris d'une peur panique puisqu'il me laboura le bras gauche en poussant un miaulement lugubre. L'information arriva à mon cerveau. Pas la douleur. L'adrénaline m'inondait. L'espace d'un instant, le grand plumard en bois fut animé comme jamais. Axel, ou plutôt ses bras épais comme des poteaux, gagnaient du terrain. Néanmoins, au prix de quelques contorsions improbables, je parvins à m'extirper du semicercueil dans lequel je m'étais caché avant qu'il ne m'ait saisi.

Je me retrouvai face à la porte. Mais en travers de mon chemin, il y avait le lit et (oh non, déjà !) mon adversaire qui se relevait de l'autre côté.

« Putaing, tu crois pas que tu m'as assez fait chier comme ça ? T'es venu pourquoi ? Pour les cartes, c'est ça ? »

En plein dans le mille. En même temps, vu la valeur qu'elles avaient prises, ça valait le coup de prendre des risques. Je l'admis du bout des lèvres avec un tout petit « oui ».

C'est vrai que je lui en avais fait voir.

Après nos premières et émouvantes retrouvailles lors de l'épisode du quatre-quatre enlisé, j'avais prolongé mon séjour dans la région afin d'interviewer un homme qui, aux dires de plusieurs personnes, était le dernier réparateur de pendules et de montres anciennes de la région. Je savais pertinemment que c'était faux puisque l'un des amis de mes parents exerçait cette activité à titre occupationnel et surtout passionnel. Mais je tentais quand même le coup ; j'avais obtenu le feu vert de ma patronne et cela me permettait de profiter du gîte et du couvert de ma famille qui me soignait avec des plats savoureux.

L'homme en question, Gislain D., fut ravi de ma visite. Il était pétillant d'humour et vraiment très, très habile de ses sept doigts. Un triste accident lui en avait fait perdre trois d'un coup à la main gauche mais, comme il se plaisait à le répéter en joignant l'extrémité de son pouce à celle de son auriculaire : « Il me reste la pince ! Ah ! Ah ! Ah ! » Il faisait des merveilles. Une sorte de Django Reinhardt de l'horlogerie.

« Mais, entre nous, me confia-t-il après la visite de son atelier et une démonstration de démontage et remontage d'une montre gousset des années 1920, dans le coin, ce n'est pas moi qui exerce l'activité la plus surprenante…

— Que voulez-vous dire, lui demandai-je en levant un sourcil ?

— Ce que je veux dire, jeune homme, c'est que je connais une personne qui a inventé un métier qui n'existe nulle part ailleurs.

— Dites moi.

— C'est un voleur…

— Il est vrai que les conseillers d'orientation ne proposent jamais cette filière.

— Ah ! Ah ! Ah ! Mais je pense quand même vous en boucher un coin. Ne bougez surtout pas. »

Il se leva et quitta la pièce, me laissant seul au milieu de toutes ses montres et autres horloges qui me firent profiter quelques instants du charme de leur concert de « tic-tac » plus ou moins discrets. Lorsqu'il revint, il avait sous le bras dont la main était estropiée, un volumineux livre de comptes.

« L'homme dont je vais vous parler, reprit-il tout en s'asseyant à mes côtés, m'a rendu visite pour la première fois il y a huit ans. Il était venu pour me vendre une petite chaîne en or qu'il avait, m'avait-il affirmé, trouvée par terre lors d'une promenade. Je dois vous dire que si ma passion est bel et bien la réparation des antiquités que vous pouvez admirer tout autour de nous, ce qui me fait vivre, c'est avant tout la revente de métaux précieux que j'achète à des particuliers. Or, ce personnage est revenu me voir un mois après avec plusieurs autres objets de valeurs très diverses. Manifestement, il s'y connaissait en balades genre chasse au magot, mais pas en métaux ! Ah ! Ah ! Euh…Vous désirez un café ?

— Non merci, c'est très gentil à vous.

— Comme vous voudrez. Si vous changez d'avis, n'hésitez pas… En tout cas, j'ai toujours pris soin de me tenir à l'écart des embrouilles, vous comprenez ?

— Bien sûr, c'est normal !

— J'ai donc signifié à ce gaillard que, si par hasard il souhaitait devenir un client régulier, il faudrait qu'il se montre honnête avec moi quant à la véritable provenance de toutes ses trouvailles. Après cette déclaration, il a pris un air… euh… comment dire…

— Outré ?

— Non, c'est justement à cet air que l'on s'attendrait en pareilles circonstances, lui il prit juste un air renfrogné. Oui, c'est ça, renfrogné… Alors déjà qu'il a naturellement un petit côté bourru… Ah ! Ah ! Ah ! Je vous dis pas la tête qu'il avait…

— Et alors ? m'impatientai-je.

— Eh bien il a repris toutes ses babioles et il est reparti sans un mot.

— Ensuite il est revenu, n'est-ce pas ?

— Oui, exactement. Laissez-moi voir. »

A ce moment, il ouvrit l'épais livre qu'il avait calé sur ses genoux et tourna quelques pages.

« Six mois plus tard ! S'exclama-t-il. Regardez, c'est écrit là ! Une boucle d'oreille en or 750 millièmes et un petit collier en or. 18 carats aussi. Une or-euse promenade ! Ah !Ah !Ah ! »

Gislain continuait à parler mais je ne l'écoutais plus. J'étais subjugué. Une écriture serrée mais soignée renseignait à chaque ligne la date de l'achat, décrivait la nature du produit et mentionnait l'identité du vendeur. Et au bout de la ligne que m'indiquait son indexe ridé je pouvais lire : Axel B. Après la lecture de ce nom, j'eus l'impression que toutes les pendules s'étaient arrêtées en même temps. L'image de l'ours remontant lestement sur son tracteur me revint comme une gifle.

« Dites, vous m'écoutez ?

— Euh… oui, oui, pardon. Un coup de fatigue, répondis-je penaud.

— Vous voyez, je vous avais proposé un café. Ça vous ferait du bien, non ?

— Non merci, vraiment. Je serais plus tenté par un apéro à cette heure.

— Ah ! Ah ! Dans ce cas je suis coincé ; je n'ai rien de plus fort dans mes placards que du jus d'orange.

— En effet, il me faudrait un truc plus costaud. Mais dites-moi, poursuivis-je, que vous a-t-il dit au sujet de ces objets ?

— C'est ce que je commençais à vous raconter : il m'a dit qu'il les avait collectés en visitant des nids d'oiseaux.

— Des nids ? fis-je, étonné.

— Oui, des nids, me renvoya-t-il en écho. Mais attention, pas n'importe lesquels. Ceux des pies !

— Et vous l'avez cru ?

— Au début, non. Je connais, comme tout le monde, la réputation de ces oiseaux…

— La pie est voleuse, dis-je.

— Oui. Ah ! Ah ! On la dit aussi bavarde mais on en entend rarement dans le pays. Et heureusement ; vous imaginez ce que ce serait ? Ah ! Ah ! Ah ! Alors je lui ai dit : 'Ecoute, même si tu m'es sympathique malgré ton air grognon, je ne suis pas prêt à croire n'importe quoi, mon garçon.' Alors il m'a proposé de passer une journée avec lui pour voir.

— Vous l'avez fait ? le relançai-je.

— Oui, et en une journée, il a visité au moins une trentaine de nids. Ce qui m'a convaincu qu'il consacrait énormément de temps à ses recherches, une carte qu'il possédait et sur laquelle il avait noté tous les nids qu'il avait repérés. Comme ces oiseaux reviennent nicher au même endroit d'une année sur l'autre, il savait toujours où les trouver.

— Et ce jour là, vous avez fait des découvertes intéressantes ?

— Non ; quelques bouts de métaux sans valeur et une fausse bague en plastique argenté. Mais il m'avait convaincu. Depuis, il m'apporte des choses une à deux fois par mois. »

Quelques minutes plus tard, je quittai ce brave homme après l'avoir chaleureusement remercié. Et j'appelai presque immédiatement ma directrice pour lui exposer la situation. Elle fut emballée à mort et se montra plus positive que jamais : « Deux sujets en une journée ? C'est tout ? Putain mais qu'est-ce que vous branlez ! Bon, préparez le terrain pour les équipe et faites-moi parvenir les comptes-rendus. Si ça se trouve, il y en aura un de bon. On ne sait jamais. »

Ensuite j'étais retourné voir Axel. Il m'avait reçu, comme la première fois, sur le pas de sa porte. Et après une longue discussion, sans avoir bougé, il m'avait gentiment mais sûrement renvoyé bouler. Se voir ou/et être vu à la télé ne l'intéressait pas du tout. Il m'avait dit : « T'façon, j'ai pas la télé, et c'est vrai en plus. »

Je l'avais à nouveau quitté, puis j'avais sollicité, auprès de ma patronne, une petite rallonge budgétaire afin de dédommager ma cible. Elle avait tout de suite été d'accord :

« Vous faites chier, Baptiste. Vous savez ce que vous nous coûtez, déjà ? De toute façon c'est illégal. Alors vous pouvez aller vous faire foutre ! Je vais réfléchir. »

Lorsque le mandat cash me fut parvenu, je repartis à la charge. A nouveau une conversation avec l'ours sur le perron de sa maison. Mais beaucoup plus brève, cette fois. Mes arguments portèrent : garantie de son anonymat, et surtout, un peu de pognon. Il accepta l'enveloppe que je lui remis avec le fric qu'elle contenait en liquide. J'avoue qu'il manquait près de la moitié de ce que l'on m'avait octroyé mais cela avait suffit à le convaincre. Et surtout il accepta le reportage.

Une équipe le suivit durant une semaine avec l'interdiction de filmer des lieux reconnaissables proches de chez lui. De toute façon, pour éviter ce genre de bévue, il emmena le journaliste et les techniciens dans d'autres départements. Puis le film fut monté, vendu et finalement diffusé sur quatre chaînes. Le problème, c'est qu'il créa des vocations.

Quelques semaines plus tard, un type découvrit un bracelet d'une valeur inestimable dans un nid. Du coup, la presse reparla de notre documentaire qui fut rediffusé plus largement. Cela créa un engouement. Dans un pays où des tas de gens considèrent que leur seule chance d'être heureux est de gagner au loto, acheter une échelle pour farfouiller dans un nid devint aussi prometteur que de se payer un ticket de loterie. De plus en plus de gens grimpaient en haut des arbres et, du coup, les statisticiens qui étudiaient la fréquence des chutes s'affolèrent et se mirent à prédire des horreurs.

Deux mois s'écoulèrent et un jeune homme perdit la vie en tombant d'un arbre où un couple de pies s'était installé. Les médias en firent leurs gros titres. Trois accidents graves plus tard et les élections approchant, les politiques entrèrent dans la danse. Ils avaient tous décidé de s'emparer du dossier pour légiférer.

Tout le monde avait un avis sur la question ; les chercheurs disaient qu'il fallait un permis, que ça régulait la population envahissante et profitaient de la nuit pour visiter un maximum de nids incognitos. Du coup, des centaines de pies mouraient de crises cardiaques en pleine nuit et des milliers d'oisillons crevaient en s'écrasant au sol après avoir été tout simplement balancés par-dessus bord. Les protecteurs des corvidés s'installaient dans des arbres autour d'un nid pour dissuader les chasseurs de trésor. Malheureusement, cette présence assidue finissait aussi par dissuader les parents de nourrir leurs petits. Cette mobilisation générale fit qu'en cinq ans, la population de cette espèce déclina à une vitesse vertigineuse.

Les nids devinrent rares et ce qui est rare, c'est bien connu, est cher. Or, je m'étais souvenu que l'horloger m'avait dévoilé le secret d'Axel ; celui qu'il gardait jalousement en interdisant à quiconque d'entrer dans sa maison : il avait un plan sur lequel il notait tous les emplacements des nids. J'avais contacté l'équipe qui avait suivi et filmé le colosse en déplacement pour recouper cette information. L'ingénieur du son ne m'avait pas parlé d'une carte mais d'un

115

véritable atlas très précis, dans lequel les sites de nidification étaient soigneusement indiqués.

Le propriétaire d'un tel document pouvait s'attendre à toucher de très belles sommes d'argent à condition qu'il procède à une vente à la découpe page par page de cet ouvrage. Je savais qu'Axel ne ferait jamais un truc pareil et j'étais bien décidé à m'enrichir facilement.

Hélas pour moi, le cambriolage que j'avais méticuleusement préparé en étudiant tous ses faits et gestes des semaines durant avait mal tourné.

Et dans cette chambre obscurcie par les volets mi-clos, un géant arborant une mine effrayante me faisait face. Il tenait sa vengeance. Enfin presque, un lit nous séparait encore.

Puis tout alla très vite : il tenta de bondir par-dessus le matelas mais son pied douillettement chaussé dérapa sur le couvre-lit et il s'étala dessus. « Et miiiirde ! hurla-t-il. » Je profitai de ce contretemps inespéré pour contourner l'obstacle et, tandis que le colosse se redressait déjà, je partis dans une course folle vers l'escalier.

Lorsque j'arrivai en haut des marches, il était déjà sur mes talons. Comme je le sentais sur le point de m'attraper alors que je dévalai l'escalier sans quasiment toucher une marche, je me penchai sur le côté, empoignai à deux mains la rampe et, tel un yamakasi, me servis de mon élan pour projeter mes jambes, puis mon bassin, et enfin tout le reste par-dessus la balustrade. J'atterris lourdement dans le salon mais, par chance, en plein sur le canapé.

J'entendis un violent fracas en provenance de la cage d'escalier. Sans me retourner, je me relevai et me précipitai vers la porte d'entrée. Arrivé devant, je me mis à actionner frénétiquement la poignée mais la porte ne s'ouvrait pas. Puis je remarquai deux choses : un verrou avait été actionné et surtout, le silence.

L'ours aurait déjà dû être sur moi. Lentement, je déverrouillai la porte. « Clac » Toujours pas de signe de mon poursuivant. J'ouvris la porte en grand. Toujours rien. Ma retraite étant assurée, je revins sur mes pas avec une extrême prudence.

Axel gisait en bas de l'escalier. Il avait fait sa dernière chute. Sa tête faisait en effet un angle improbable avec le reste de son corps. Son oreille droite touchait son dos au niveau de sa colonne vertébrale. Il était mort dans sa chute en heurtant le mur qui faisait face aux dernières marches.

Après avoir soigneusement effacé toutes les traces de mon passage, je m'enfuis en emportant son fameux atlas. Le comble c'est que ce dernier se trouvait dans la voiture de mon défunt ennemi ! Lorsque je le découvris enfin, après avoir fouillé sans succès dans toute la maison, je me sentis vraiment le plus heureux des imbéciles. Bien sûr, il l'emmenait avec lui lors de chacune de ses maraudes.

Et maintenant ?

Maintenant, je suis sur mon balcon. La vente des morceaux de ces milliers de cartes m'a permis de refaire ma vie. Désormais, je ne fais plus rien. Du moins pour les autres.

Trente minutes déjà que j'observe leurs allées et venues. Elles sont régulières et, toutes les deux minutes, l'une d'elle arrive avec une nouvelle petite branche dans son bec.

Tout en elles me fascine ; leur plumage noir aux reflets métalliques, leurs petits mouvements de tête après qu'elles aient inséré la dernière brindille apportée à celles déjà assemblées auparavant, comme un artiste observe l'effet d'une ultime touche à son œuvre.

D'après ce que disent les journaux à propos de la disparition des pies, c'est sûrement l'un des derniers nids du pays. Et il se trouve sur ma propriété ; à la cime du marronnier, juste en face du balcon sur lequel je sirote mon cocktail. Et je me pose la question :

Qu'est-ce qu'elles vont bien pouvoir planquer là-dedans ?

FIN

119

NB : A tous ceux qui se diraient : « super, alors là, bravo ! Voilà bien une histoire qui pourrait donner de très mauvaises idées à certains ». Je précise que tout ceci est une fiction.

Et pour clouer le bec des pies bavardes, voici le résultat d'une étude :

« Cette idée qui attribue à la pie des tendances cleptomanes a été démentie par une étude menée par un chercheur polonais, qui, ayant analysé 500 nids de pies, n'y a trouvé aucun objet brillant. »

Z. Klejnotowski 1972, cité par Urs Glutz von Blotzheim, op. cit., p. 1994

Vous vous demandez, à juste titre, à quoi peut bien servir cette page. Je me posais la même question jusqu'à ce que je reçoive les menaces explicites suivantes :

« Ecris quelques chose sur la page 121 ou il va t'arriver des histoires dont tu n'as même pas idée.

Signé : le corbeau »

Il y avait, joint à ce message, une petite cordelette avec un nœud coulissant.

Je me suis dit : « Alors là, si les oiseaux s'emmêlent… » Bref, je me suis exécuté. Donc, normalement, il ne devrait rien m'arriver d'affreux. Pourtant j'entends un drôle de bruit, on dirait que quelqu'un essaie de… Argh…

Je dédie cette piécette de théâtre à tous les François. Je sais bien qu'il ne faut pas généraliser mais tous ceux (les François) que j'ai eu l'occasion de rencontrer jusqu'à maintenant étaient patients et impliqués. L'histoire m'est venue de la façon suivante ; je travaillais avec une classe de CE1 dans une école d'Aubervilliers et, à ce titre, j'ai lu un certain nombre de pièces de théâtre. A force d'en lire, un soir, je me suis demandé ce qu'un enfant ferait si, tout d'un coup, il avait beaucoup de pouvoir. Comme, la veille, j'avais regardé un épisode de la série « Le trône de fer » dans lequel un très jeune homme devenait le roi, la réponse à cette question fut naturellement: très certainement des bêtises, pour ne pas dire pire.

Le crayon aux mille souhaits

Les personnages :

Un conteur (plusieurs enfants peuvent partager ce rôle)

Anna

Le papa

La maman

Le tonton explorateur

Un doudou

Les 3 amis de la classe

Un vigile

2 policiers

Les 5 victimes

Un dragon

Scène 1

Le conteur : Il était une fois une petite fille qui s'appelait Anna et qui adorait jouer avec son doudou

Anna (*seule dans sa chambre avec son doudou qu'elle fait manger*) : Attention, je te préviens : si tu ne finis pas tes frites, je te mets au coin ! Quoi ? Tu n'en veux plus ?!? (*le tirant par les cheveux, elle le conduit à l'autre bout de la scène*) Cette fois, tu es puni. Je ne suis pas du tout contente et je te préviens...

Le papa : Anna ! A table !

Anna : (*à son papa*) J'arrive ! (*au doudou, qu'elle tire sans ménagement dans un autre coin de la scène*) Bon toi, tu fais la vaisselle.

Le conteur : Le jour de ses 7 ans, son tonton, un grand explorateur, vient rendre visite à sa famille. A table, le soir, il finit de raconter son dernier voyage.

Scène 2

L'oncle : J'étais coincé dans ce trou. J'allume ma lampe et je vois des araignées !

La famille : Aaah !

L'oncle : Et des serpents !

La famille : Baaah !

L'oncle : Finalement je m'appuie sur une pierre et une porte secrète s'ouvre.

La famille : Ooooh !

L'oncle : J'entre dans une petite salle et je découvre...

La famille : Quoi ?

L'oncle : Ceci (*et il sort un paquet cadeau et l'offre à Anna*)

Anna : Oh merci ! C'est pour moi !?! Merci tonton, merciiii !

L'oncle : Oui, c'est pour toi.

Anna : (*tâtant le paquet*) C'est un micro ; pour que je chante comme Hannah Montana ?

L'oncle : Non...

Anna : C'est une baguette de magicienne ?

L'oncle : Non...

La maman : Allons, Anna, ouvre-le !

Le papa : Oui, ouvre-le, Anna !

Anna : Attendez ; je sais ! C'est une télécommande !! (*à ses parents*) Je vais avoir une télé dans ma chambre ?

Les parents : Non, tu es trop petite et ça empêche de dormir ! Ouvre-le !

Anna : Bon. (*Elle ouvre le paquet et en sort un vieux crayon en bois tout biscornu. Elle semble très déçue*) Oh ! Un vieux crayon...

Le papa : Allez, Anna, ton oncle l'a trouvé dans un endroit dangereux loin d'ici... Dis-lui merci.

Anna : (*sans conviction*) Merci...

La maman : Fais-lui un bisou !

Anna : Non ; il a une barbe qui pique trop !

Les parents : Anna !

L'oncle : Ce n'est rien ; laissez-moi plutôt vous raconter la suite de mon histoire...

Anna : Papa, maman, je peux aller jouer dans ma chambre avec mon... super crayon.

Les parents : Vas-y.

Le conteur : Un moment après, Anna est dans sa chambre avec son nouveau jouet.

Scène 3

Anna, seule dans sa chambre avec son crayon dans la main.

Anna : Pfff ! Un vieux crayon tout pourri... (*au doudou*) Tu as vu ça ? C'est nul.

Le conteur : Ce qu'Anna allait découvrir, c'est qu'il s'agissait d'un crayon magique ; il suffisait d'écrire un vœu avec pour qu'il se réalise.

Anna : (*Assise, lit ce qu'elle est en train d'écrire avec son crayon*) J'aimerais... que... mon doudou... devienne... vivant...

Le doudou : (*Il tousse, se lève et s'étire comme s'il se réveillait*) Je suis où, là ?

Anna : Ouaaaah ! Tu es vivant !!! (*Elle attrape le doudou et le sert dans ses bras*)

Le doudou : Doucement ! Tu me fais mal !

Le conteur : Anna était très heureuse mais le doudou avait beaucoup de questions et il fallait qu'elle y réponde.

Scène 4

Anna et le doudou sont assis côte à côte. On peut faire durer l'instant en mettant une petite musique sur laquelle les comédiens font semblant de parler.

Anna : ...et c'est comme ça que je t'ai réveillé.

Le doudou : Mais tu faisais quoi avec moi, avant ?

Anna : (*se lève, gênée*) Ben... Je jouais à... t'embêter...

Le doudou : Pourquoi ?

Anna : Oh et puis zut. (*Elle se met à son bureau et écrit*) Je voudrais... que... mon doudou... ne puisse plus parler...

Le doudou est très en colère d'avoir perdu la voix il se met à taper des pieds.

La maman : Anna ! C'est quoi ce bruit ! De toute façon, c'est l'heure d'aller au lit... J'arrive !

Anna : (*écrivant très vite*) Je... veux... que... mon... doudou... redevienne... comme... avant...

La maman : Allez ma chérie, au dodo ! (*Regardant le doudou*) C'est drôle ; on dirait que ton doudou est tout neuf. C'est bien ; tu en prends soin. Allez, bonne nuit.

Le conteur : Anna ne dormit pas très bien cette nuit là ; en plus, elle avait invité des amis à la maison pour fêter son anniversaire le lendemain.

Le conteur : Le lendemain, après le gâteau, elle emmène ses trois amis dans sa chambre pour leur montrer les pouvoirs de son crayon.

Scène 5

Anna, dans sa chambre, entourée de ses amis.

Ami 1 : Ouais, et tu penses qu'on va te croire ?

Ami 2 : N'importe quoi !

Ami 3 : On peut demander ce qu'on veut ?

Anna : Oui, il suffit que je l'écrive.

Ami 3 : Alors fais apparaître un grand magasin.

Ami 1 : Ouais, avec tout dedans !

Ami 2 : Mais n'importe quoi !

Anna : D'accord. (*Elle écrit*) avec... tout... dedans...

Scène 6

Les enfants font semblant de voir tout ce qu'ils rêvent d'avoir autour d'eux et de se servir. La scène de joie dure jusqu'à ce qu'un vigile arrive.

Le vigile : Olalalala ! Comment allez-vous payer tout cela les enfants ?

Ami 3 : Vite, il nous faut des sous !

Anna : Pas de problème. (*Elle écrit*) plein... d'argent... dans... nos poches...

Les enfants sortent des billets et les montrent au vigile.

Le vigile : Tout cet argent dans vos mains, c'est vraiment bizarre. J'appelle la police ; ne bougez pas.

Le vigile sort.

Ami 1 : Vite, fais-le mourir !

Ami 2 : N'importe quoi !

Ami 3 : Fais-le disparaître !

Anna : OK (*elle écrit*) qu'il... disparaisse...

Les enfants sont soulagés mais la police arrive... Les enfants se cachent.

Policier 1 : Police ! Que personne ne bouge !

Policier 2 : Calme-toi ! Il a dit que c'était des enfants !

Policier 1 : Ah oui ! Les enfants, c'est les gentils policiers, où êtes vous ?

Ami 1 : On va aller en prison !

Ami 2 : N'importe quoi !

Ami 3 : Fais apparaître un gros dragon ; ça leur fera peur !

Anna : D'accord (et elle écrit) un... gros... dragon...

Un dragon apparaît, les policiers s'enfuient et le dragon les poursuit. Lorsqu'il est sorti de scène, des cris d'effroi retentissent des coulisses. Puis les victimes arrivent. L'une a un bras en moins, une autre doit être soutenue pour avancer.

Scène 7

Victime 1 : Il a brûlé ma voiture !

Victime 2 : Il a mangé mon bras !

Victime 3 : Il a marché sur mon pied !

Les quatre autres le regardent

Victime 3 : Oui ben ça fait super mal !

Victime 4 : (*qui soutient le personnage précédent*) C'est surtout super lourd !

Victime 5 : Il a mangé mes parents !

Tous : (*horrifiés*) Oooh !

Toutes les victimes : (*Montrant les enfants du doigt*) C'est à cause de vous ! (*Il s'avance vers eux ; menaçants!*) Vengeance !

Anna : (*écrivant*) : que... tout... ceci... n'ait... jamais... existé !

Le conteur : Et c'est ainsi qu'Anna se retrouva chez elle entourée de ses proches pour fêter normalement son anniversaire. Et, mine de rien, Anna souffla ses bougies sans parler du crayon qui avait disparu.

Le conteur : Si cette histoire ne vous convient pas, prenez un stylo et... transformez-la !

Petite scène d'anniversaire. Les comédiens chantent et Anna souffle ses bougies.

Rideaux

Pour s'y retrouver :

Quelques lignes pour exprimer ma gratitude.

Je remercie en tout premier lieu Anne pour son travail sur l'illustration, ses messages désopilants, ses conseils avisés, ses corrections, ses encouragements et sa recette du poulet au baby.

Merci à Max pour ses lectures critiques et pour le titre « Et pie c'est tout », mais vraiment, me demander 35% pour les droits d'auteur... J'ai peut-être fait une erreur d'accepter.

Merci à Choun pour ses corrections et ses critiques sur le livre dont vous êtes le zéro.

Merci à Gautier pour le mot « Catharsis ».

Merci à mes parents pour l'ensemble.

Merci à vous de m'avoir lu.

Merci enfin à Flo pour tout le reste.

ISBN : 978-2-32-203633-2
© Raphaël Bouysset, 2014
Dépôt légal : mai 2014
Édition : BoD™ - Books on Demand, 12/14 rond-
point des Champs Elysées, 75008 Paris, France.
Imprimé par BoD™ - Books on Demand GmbH,
Norderstedt, Allemagne.